幼儿园
保育保健工作
实践与指导

YOUERYUAN
BAOYU BAOJIAN GONGZUO
SHIJIAN YU ZHIDAO

周蔓　卢筱红　主编

江西人民出版社
Jiangxi People's Publishing House
全国百佳出版社

图书在版编目（CIP）数据

幼儿园保育保健工作实践与指导 / 周蔓，卢筱红主编．--
南昌：江西人民出版社，2020.10（2022.1 重印）
ISBN 978-7-210-12459-7

Ⅰ．①幼… Ⅱ．①周… ②卢… Ⅲ．①幼儿园－工作
Ⅳ．① G617

中国版本图书馆 CIP 数据核字 (2020) 第 184508 号

书名：幼儿园保育保健工作实践与指导
周　蔓　卢筱红　主编

责任编辑：曾　杨　李　姗
书籍设计：邓珊珊
出版发行：江西人民出版社
经　　销：各地新华书店
地　　址：江西省南昌市三经路 47 号附 1 号
编辑部电话：0791-86898283
发行部电话：0791-86898685
邮　　编：330006
网　　址：www.jxpph.com
E-mail：jxpph@tom.com　web@jxpph.com
2020 年 10 月第 1 版　2022 年 1 月第 2 次印刷
开　　本：170 毫米 ×240 毫米　1/16
印　　张：10.75
字　　数：200 千字
ISBN 978-7-210-12459-7
赣版权登字 -01-2020-227
定　　价：25.00 元
承 印 厂：长沙超峰印刷有限公司

《幼儿园保育保健工作实践与指导》编委会

主　编：周　蔓、卢筱红

副主编：徐　萍、傅佳慧、金　梅、曾　斌、何雪琴、熊乐乐、罗一曼、刘　芬

编写人员（按姓氏笔画排序）：

卢筱红、刘　芬、何雪琴、张　兰、周　蔓、金　梅、罗一曼、赵智慧、祝　幸、徐　萍、徐　谊、聂　颖、傅佳慧、曾　斌、熊乐乐、魏　蓉

QIANYAN

前 言

2018年11月，中共中央、国务院印发了《关于学前教育深化改革规范发展的若干意见》，对新时代学前教育的深化改革和规范发展作出了重大决策部署，进一步明确了学前教育改革发展的前进方向和重大举措。这一重磅政策性文件的印发，体现了我国对学前教育工作的高度重视，对办好学前教育的坚强决心，对广大学龄前儿童的亲切关怀。广大幼儿教育工作者们备受鼓舞，对学前教育的未来更加充满信心。随着幼儿教育事业蓬勃发展，适龄幼儿入园率不断增高，人民群众对“幼有所育”有着美好的期盼，这意味着高质量的幼儿园保育教育越来越受到大家的关注。但由于社会对学前教育的认识理解不同，加之各幼儿园办园理念、师资队伍、园务管理及办园质量存在着差异，保教结合的理念落实不足，幼儿园“重教轻保”的倾向尤为突出。为此，如何提高幼儿园的保育工作，已成为幼教工作中急需解决的问题。

众所周知，保育工作是幼儿园工作的重要组成部分，融入幼儿的一日生活中，保教并重则是幼儿教育的基本原则。2016修订的《幼儿园工作规程》中提出，幼儿园的任务是按照保育与教育相结合的原则，实施德、智、体、美等方面全面发展的教育。2001年，《幼儿园教育指导纲要（试行）》中也指出，幼儿园要“保教并重，关注个体差异，促进每个幼儿富有个性的发展”。但在现实中，很多幼儿园都存在着“重教轻保”或是“保是保、教是教、保中无教、教中无保”等保教分离的现象，大家普遍重视与幼儿学习相关的课程、教学、教材教法等，而幼儿身体、心理方面的保育保健却被有意无意地忽略了，违背了幼儿教育的基本原则。这是不是一种教育上的“短视”行为呢?

幼儿园一日生活皆课程，保育工作也是幼儿园课程的重要组成部分，这既是保育员的工作，也是教师的责任。在幼儿一日生活中，保育员和教师都应贯彻保教结合的原则，做到保中有教，教中有保，二者既有分工，又有合作，真正将保教结合落实到班级工作中。我们不能把保育工作仅仅看作是保育员的分内事，实际上要做一名称职的幼儿园教师，同时也必须要掌握保育知识和方法。教师只有通过日复一日对幼儿耐心细致的观察和照顾，才能逐步加深对幼儿的了解，积累保教经验，树立责任意识。教师在保育工作中所显现出的关注、友好、支持等专业素质，在教育工作中是必须具备的。为此，保教人员组织一日活动时要时刻牢记“保教结合”的原则，当然有许多保育工作还需得到专业的卫生保健人员的指导，只有在他们的规范指导下，真正做到科学的保教结合，才能真正落实保育工作，促进幼儿身心和谐发展。

为了推动幼儿园更好地实践“保教结合”的教育思想，规范幼儿园保育工作行为，提高教师与保育员的专业素质及专业能力，我们集江西省政府直属机关保育院的集体智慧，在江西省教育厅教研室卢筱红老师的倾力指导下，共同编写了这本《幼儿园保育保健工作实践与指导》，与广大同行交流分享。

本书分为两部分内容，一部分是保育工作，另一部分是卫生保健工作，其内容和特点如下：

保育工作部分共三个章节。第一章“保育工作的概述”阐述了幼儿园保育工作的性质、作用和意义，以及与保育工作相关的职责、制度等，为保育工作者实践保育工作提供理论基础；第二、三章“生活活动中的保育”和“教育活动中的保育”则展现具体的保育工作实践。我们将幼儿园保育理论与实践经验相结合，详细介绍了幼儿一日生活各个环节中的保育工作要点与实操，既有讲解示范，又有案例分析，文字通俗易懂。其中“问题小贴士”“保育小达人”环节来自对实践的反思和总结，为保育工作者答疑解难，提供帮助。

卫生保健工作部分共有五个章节，分别为“幼儿园卫生保健概述”“幼儿常见传染病的早期发现与预防”“幼儿常见症状的护理”“特殊幼儿的护理”“意外伤害的急救处理”等。这部分内容针对幼儿卫生保健工作中的常见问题作了较为详细、规范的阐述，同样设有“问题小贴士”“保健小达人”环节，力求通过活泼的文字、简明的图例、生动的案例，帮助广大教师和保育员解决保育工作中遇到的实际问题，为幼儿园科学实施卫生保健工作起到指导作用。

本书内容集中体现了江西省政府直属机关保育院在保育工作中多年积累的行之有效的做法，是优秀幼儿园科学实施保教工作的经验典范，期望本书能为同行们在实践中提供参考与借鉴，使幼儿园工作真正做到教中有保，保中有教。然而受能力与水平的限制，书中难免存在疏漏或不足，敬请同行批评指正。

MULU

目 录

第一部分
PART 1

幼儿园保育工作

第一章
幼儿园保育工作概述

幼儿园的保育工作和教育工作共同担负着促进幼儿身心发展的任务，是幼儿健康成长的重要保障。只有保教人员树立科学的保育观，了解幼儿园保育工作的特点与内容，才能科学合理地开展幼儿园保育工作，从而提高幼儿园整体保教质量，真正实现保教并重的教育目标。

一、保育工作的概念

保育是指成人（家长或保教人员）为 0~6 岁儿童提供生存与发展的环境和物质条件，并给予精心照顾和培养，以帮助幼小儿童获得良好的身心发育及健康成长，逐渐增进其独立生活能力，包括对婴幼儿的身体、心理以及社会适应能力的保护和培养[①]。幼儿园的保育[②]不是单纯、被动的生活护理，而是更强调遵循幼儿身心发展规律，培养幼儿独立自主的生活能力，科学、规范地开展保育工作，保障幼儿健康快乐地成长。

---

① 教育部人事司、教育部工人考核委员会组编 . 保育员应知应会［M］. 北京师范大学出版社，1998.6.

② 此部分讲的是幼儿园整体的保育工作。保教人员指的是教师和保育员，都承担保育工作。

《幼儿园工作规程》(以下简称《规程》)[1]指出：幼儿园的任务是贯彻国家的教育方针，按照保育与教育相结合的原则，遵循幼儿身心发展特点和规律，实施德、智、体、美等全面发展的教育，促进幼儿身心和谐发展。随着社会的发展，大多数人对幼儿园保育工作的认知从“促进幼儿身体发育和身体健康”的片面理解，发展到“促进幼儿生理、心理和社会适应发展”的全方位理解。这种全新的保育认知，不仅体现了全面发展的教育观，更关注了社会发展的实际需求。幼儿园不仅要做好保护幼儿身心健康的保育工作，更要重视“保”与“育”的相互作用过程，将保育和教育真正有机地结合起来。保教结合是从幼儿园工作的性质、特点、任务出发，保育工作和教育工作共同担负着促进幼儿身心和谐发展的任务。保教结合是一个整体概念，“保”和“教”是幼儿园教育整体的不同方面，其中“保”就是保护和促进幼儿的健康，“教”即幼儿园的教育教学，两者间相互结合、相互渗透，共同对幼儿产生影响。由此可见，保育工作在幼儿园的各项工作中是必不可少的，是教师和保育员共同协作配合完成的保教并重的共同任务。

二、保育工作的重要性

《规程》明确提出“幼儿园是对三周岁以上学龄前幼儿实施保育和教育的机构”，赋予了幼儿园具有保育和教育的双重任务。这是幼儿园教育的一大特色，也是与中小学教育有本质区别的体现。在世界范围内，幼儿的保育工作也日益受到关注。

我国早在1904年《奏定学堂章程》中就提出“保育教导幼儿”的保教宗旨。1989年11月20日，第四十四届联合国大会召开，会上提出“接受保育和教育是儿童的权利”的观点获得了世界各国的认可。大会上通过了《儿童权利公约》，为儿童的福利制定了一套全面的国际法律准则。2000年4月，在塞内加尔首都达喀尔举行的世界教育论坛上通过了《达喀尔行动纲领》，其中第一条“扩大和改善幼儿尤其是最脆弱和条件最差的幼儿的全面保育与教

① 本书中引用的《幼儿园工作规程》为2016年版原文。

育”，此提法足以看出全世界教育对幼儿的保育和教育愈加重视了。《达喀尔行动纲领》要求世界各国政府为 0~8 岁儿童的保育和教育提供通盘计划，关注幼儿的各种需要，包括幼儿的健康、营养以及认知、社会性和情感的发展。①

21 世纪以来，联合国教科文组织、联合国儿童基金会等国际组织在世界范围内多次举办幼儿保育和教育相关会议，呼吁世界各国重视幼儿的保育和教育工作。

2006 年 10 月 26 日，由联合国教科文组织、联合国儿童基金会等国际组织在组约发布了《全民教育全球监控报告（2007 年）——增强基础：幼儿保育和教育》。该报告对全球幼儿保育和教育方案的发展趋势、政府财政支出以及学前教育的入学覆盖率等一系列现状进行阐述分析，同时为加强幼儿保育和教育工作、实现全民教育中的幼儿保育及教育目标提出了指引。②

2010 年 9 月，首届联合国教科文组织世界幼儿保育和教育大会在莫斯科召开。这次大会的主题是：筑建国家财富。“学前教育可以筑建国家财富”这一理念受到了国际社会的认同。我国教育部原副部长陈小娅在会上做了主题为“为未来奠基：中国幼儿保育与教育发展政策与展望”的发言。她在发言中指出，良好的早期教育对促进幼儿的健康发展、获得幸福快乐的童年具有重要的意义。扩大和改善幼儿保育和教育，已成为促进国家昌盛和人类进步的关键所在。③

在中国学前教育发展进程中，幼儿园保育工作一直备受重视，是幼儿园教育质量的重要衡量标准。《幼儿园教育指导纲要（试行）》（以下简称《纲要》）指出：幼儿园教育应尊重幼儿的人格和权利，尊重幼儿身心发展的规律和学习特点，以游戏为基本活动，保教并重，关注个别差异，促进每个幼儿富有个性地发展。教育部颁布的《3~6 岁儿童学习与发展指南》（以下简称《指南》）提出了 3~6 岁各年龄段儿童学习与发展目标和相应的教育建议，帮助幼儿园教师和家长了解 3~6 岁幼儿学习与发展的基本规律和特点。其中把健康放在

① 赵中建．教育的使命——面向二十一世纪的教育宣言和行动纲领［M］．北京：教育科学出版社，1996：28

② UNESCO.EFAglobalmonitoringreport2007：Strong Foundations: early childhood care and education. http：//unesdoc.unesco.org.

③ 焦新．首届世界幼儿早期保育与教育大会举行陈小娅出席并发言 [J]. 教师，2010(31)：76-76.

了首位，并明确指出：健康是指人在身体、心理和社会适应方面的良好状态，幼儿阶段是儿童身体发育和机能发展极为迅速的时期，也是形成安全感和乐观态度的重要阶段。发育良好的身体、愉快的身心、强健的体质、协调的动作、良好的生活习惯和基本生活能力是幼儿身心健康的重要标志，也是其他领域学习与发展的基础。幼儿处于身体发展迅速、神经系统不断发展成熟的关键阶段，但缺乏自我保护意识，不具备独立生活能力，需要成人为之提供生活的照顾和培养。幼儿的认知水平，个性发展，均存在无目的、无意识的倾向，正常、健康、充满爱意的保育工作能促进幼儿良好个性心理品质的形成。教师和保育员与幼儿在幼儿园一日生活中密切接触，要实现培养幼儿生活自理能力、养成良好习惯、形成优良的意志品质就离不开两者共同的精心呵护、培养与教育。由此可见，幼儿园保教对象的年龄特点决定了保育工作在幼儿园工作中的地位与作用不容忽视。

综上所述，幼儿园保育和教育工作受到全世界学前教育人士的关注和重视。保教结合，保教并重，“保”字在先，不仅是我国学前教育一贯坚持的原则，也是我国学前教育的重要理念。作为幼教一线的工作人员，应严格按照《规程》和《纲要》中提出的要求，明确幼儿园是实施保育和教育的机构，坚持保育和教育相结合的原则，对幼儿实施德、智、体、美全面发展的教育，促进幼儿身心健康发展。

三、保育工作的原则

根据国家《幼儿园工作规程》《幼儿园管理条例》《托儿所幼儿园卫生保健管理办法》以及其他相关文件规定，幼儿园必须坚持科学的保育观，以保教工作为中心，遵循保育和教育相结合的原则。幼儿期是人一生发展的初始阶段，由于幼儿身心发育尚未成熟，在幼儿成长与发展中保育工作人员既是照料者和呵护者，又是指导者和教育者。因此，幼儿园的保育工作应遵循以下原则：

（一）个体差异性原则

儿童的生长发育存在着普遍的规律，即在身体发育、情感发展、社会性和认知能力方面表现为一定的年龄阶段性。但同时又存在个体差异，每个幼儿都是独立的个体，其身心发展都有自身的速度，兴趣爱好 、个性品质、能力发展都不同于他人。因此，幼儿园保育工作不仅要遵循幼儿身心发展的普遍规律和年龄特点，为幼儿提供适宜的生活护理指导和帮助；还应根据每个幼儿的个体差异提供个性化的生活指导和帮助，做到因人而异，使每个幼儿都得到适宜的保育，健康地成长。

（二）发展性原则

幼儿是发展的个体，我们必须要以健康持续发展的要求开展保育工作。幼儿园保育工作不仅是幼儿园工作的重要组成部分，也是幼儿园管理的重要内容，更是确保幼儿健康成长的重要抓手。新时代的保育工作要求教师和保育员树立科学的保育理念，转变思想，加强学习，不断提升保育工作整体水平。幼儿园在发展过程中，应注重完善组织建设，健全制度，加强教职工教育培训，强化业务技能，加强检查指导，抓细节管理，定期总结反思，创新常规工作，使保育工作更趋规范化和科学化，为保障幼儿健康成长奠定良好的基础，确保幼儿园保育工作健康持续发展。

（三）全面性原则

幼儿园保育工作是全面的，与幼儿一日生活的各环节相融合。主要包括幼儿的营养、睡眠、户外活动、安全、疾病、心理健康、环境卫生、教学活动等多方面内容，是广义的保育。保教人员应学习并掌握幼儿身体、心理发展的基本规律，敏锐地观察幼儿的需要，将科学的保育意识转化为实际的保育行为，并渗透到幼儿日常生活的方方面面，从而与幼儿一日生活各环节全面融合。

（四）渗透性原则

保育工作并不独立存在于幼儿园之中，幼儿园的保育不但要注重给幼儿提供细致的生活护理，同时也要与教育工作相渗透。幼儿园的保育和教育有着同等重要的地位，而且在幼儿的一日生活中往往是“保”中有“教”，“教”

中有“保”。因此，保教人员时刻要牢记“保教结合”的原则，在保育过程中根据幼儿年龄特点实施有针对性的教育，在教学活动中密切关注幼儿的健康状态和个体需要，采取保育措施，真正做到保育与教育相互渗透，促进幼儿身心健康、全面发展。

（五）合作性原则

幼儿的保育不但是幼儿园保育员和教师共同承担，还需要幼儿园与家庭合作共同实施保育。幼儿园的保育工作建立在科学的理论基础上，以保护和促进幼儿健康，培养幼儿独立自主的生活能力为主要目的。家庭是幼儿园的重要合作伙伴，大多数现代家庭的家长过多地关注及照顾可能会导致幼儿缺乏独立自理能力，因此需要幼儿园与家庭密切合作，树立一致的保育观，才能有效地、系统地对幼儿实施保育。

四、保育工作的内容

保育工作的根本目的是在活动中保护并促进幼儿的身体健康及心理健康。幼儿的保育工作应从幼儿的身心发展规律出发，考虑幼儿保育工作的特点，科学有效地实施保育工作。幼儿在园的一日活动主要包括生活活动、学习活动、游戏活动和运动活动，基于“保教结合”的理念，一日活动中的各类教育活动中均渗透着保育工作，为此，本书将幼儿园保育工作的主要内容分为生活活动中的保育、学习活动中的保育、游戏活动中的保育、运动活动中的保育和社会实践活动中的保育五大模块。要点如下：

（一）生活活动中的保育

1. 营造安全、卫生、整洁、温馨的生活环境。

2. 提供安全、卫生、营养均衡的科学膳食。

3. 密切关注幼儿的身体状况和需要，保证幼儿的健康和安全。

4. 善于观察幼儿的情绪和行为，减少不良情绪的产生和纠正不健康的行为。

5. 逐步培养幼儿独立自主的生活自理能力，养成良好的生活卫生习惯。

（二）学习活动中的保育

1. 提供良好的学习环境，做好活动前的各种准备，创设积极的学习氛围。

2. 科学合理地安排学习活动内容，保教人员密切配合，共同合作完成教育目标。

3. 通过学习活动培养幼儿良好的学习习惯和社会适应能力。

4. 帮助幼儿树立自信心，使幼儿保持乐观的情绪。

（三）游戏活动中的保育

1. 提供安全、卫生的游戏环境和游戏材料，做好游戏前的各种准备。

2. 创设平等、尊重、友爱、和谐的人际交往环境，营造轻松愉快的游戏氛围。

3. 密切观察幼儿游戏的情况，及时发现并解决游戏中突发的卫生、安全等问题。

4. 在游戏中对幼儿进行常规培养，促进幼儿的规则意识，发展友好交往的能力。

（四）运动活动中的保育

1. 检查活动场地，排除安全隐患，提供安全的运动环境。

2. 活动前进行安全教育，培养幼儿的安全自我保护意识。

3. 密切关注幼儿在活动中的情况，确保活动安全顺利进行。

4. 活动中对特殊情况的幼儿进行单独指导，保证幼儿的安全。

5. 通过运动活动来培养幼儿坚强、勇敢、不怕困难的意志品质。

（五）社会实践活动中的保育

1. 选择适合社会实践活动的场所，并进行实地勘查，排除安全隐患。

2. 社会实践活动时间的选择要考虑季节和天气的影响，避开传染病高发期。

3. 做好社会实践活动前家长和幼儿的安全教育。

4. 在大自然、社会生活中积极有效互动，发展幼儿的社会交往能力。

五、幼儿园教职工保育工作职责

提到幼儿园的保育工作，一般人在其印象中都认为应是保育员一个人的事情，并认为保育员只需管好幼儿的生活起居、适当配合教师开展教育活动，其实这是一种误解。幼儿园的保育工作应由教师和保育员共同承担，其中保育中相关的卫生保健工作需要在保健工作人员的规范指导下完成。教师和保育员在工作中需要明确自己的工作职责，树立正确的保教结合观念，互相协作，相互配合。由此可见，教师和保育员是幼儿园保育工作的具体实施者，保健工作人员是幼儿园相关保育工作的指导者。根据《规程》规定，幼儿园教职工相关保育工作职责如下：

（一）保育员

保育员是幼儿在园主要生活起居、班级设施设备及环境卫生的重要工作者,《规程》第四十二条对其工作职责做了明确的要求，其主要职责如下：

1. 负责本班房舍、设备、环境的清洁卫生和消毒工作；

2. 在教师指导下,科学照料和管理幼儿生活,并配合本班教师组织教育活动；

3. 在卫生保健人员和本班教师指导下，严格执行幼儿园安全、卫生保健制度；

4. 妥善保管幼儿衣物和本班的设备、用具。

由此可见，保育员应在保健员和本班教师指导下，严格执行幼儿园安全、卫生保健制度，认真做好本班设施、设备、环境、用具、玩教具等保洁、消毒、整理工作，负责本班幼儿一日生活及活动中各个环节的保育和护理工作，为幼儿生活学习提供便利。同时,保育员在承担幼儿卫生保健、养育工作的同时，要协助教师开展教育教学和游戏活动，协助教师对幼儿进行教育，充当教师对幼儿施行教育的助手，和教师互相协作，相互配合，最终促进幼儿全面和谐发展。

（二）教师

教师的工作职责《规程》中有明确规定，除与教育教学相关规定职责外，其中对教师的保育工作也提出了明确要求。主要体现在第三点：严格执行幼儿园安全、卫生保健制度，指导并配合保育员管理本班幼儿生活，做好卫生保健工作。

从这一规定可以看出，教师要遵循保教结合的原则，在承担教学工作和日常教育的同时，要了解保育员的工作职责，严格执行幼儿园安全、卫生保健制度，指导并配合保育员做好各项活动中的幼儿生活、卫生、保健等保育工作，做到心中有保，和保育员相互协作，相互配合，在活动中落实幼儿保育标准规范，培养幼儿良好的生活、卫生和行为习惯，最终促进幼儿全面和谐发展。

（三）保健员

幼儿园卫生保健人员对全园幼儿身体健康负责，作为幼儿园保育工作的指导者，在《规程》中也对其工作职责做了明确的要求，其主要职责如下：

1. 协助园长组织实施有关卫生保健方面的法规、规章和制度，并监督执行；

2. 负责指导调配幼儿膳食，检查食品、饮水和环境卫生；

3. 负责晨检、午检和健康观察，做好幼儿营养、生长发育的监测和评价；定期组织幼儿健康体检，做好幼儿健康档案管理；

4. 密切与当地卫生保健机构的联系，协助做好疾病防控和计划免疫工作；

5. 向幼儿园教职工和家长进行卫生保健宣传和指导；

6. 妥善管理医疗器械、消毒用具和药品。

由此可见，保健人员在幼儿园保育工作中规范指导作用是不容忽视的。保健人员要严格贯彻执行卫生部门对卫生保健工作的规定，在业务部门的指导下做好健康检查、营养膳食、卫生消毒、疾病预防、资料档案、应急处理及园内相关管理工作。保健人员要做好保育工作的宣传，更为重要的是要做好保育工作的指导，负责指导教师和保育员做好幼儿卫生保健工作，包括卫生消毒、常见疾病预防及处理、意外伤害的急救处理等，最终促进幼儿全面和谐发展。

第二章
生活活动中的保育

幼儿的身心发展和学习特点决定了幼儿教育是整体性的教育。幼儿一日生活皆课程，也就意味着生活即教育。对于幼儿来说，生活是其重要的学习途径之一。生活活动在幼儿园教育活动中占有重要的比例。幼儿在园生活活动主要包括入园离园、盥洗、如厕、喝水、用餐、就寝、散步等方面。对于幼儿来说，身体的发展、基本的生活习惯和生活能力的形成是重要的学习内容，为其一生的健康发展奠定基础。生活活动中的保育工作有助于帮助孩子养成良好生活习惯和生活自理能力的形成，对幼儿的发展具有特殊的意义。

每天清晨，当孩子们即将从各自的家庭来到幼儿园时，老师们又开始了新一天的忙碌，孩子们又进入了一天全新的幼儿园生活。在这一天中每个生活环节的保育工作都是不容忽视。入园环节的保育工作便融合在入园准备工作中。入园准备又称晨间准备，是为即将入园的幼儿准备好干净、整洁、安全、轻松舒适的班级环境。

一、入园环节的保育

入园环节中的保育工作主要体现在卫生工作、安全工作两部分工作中，旨在为幼儿提供整洁明亮的、安全舒适的活动环境。

卫生工作包括幼儿活动室、寝室、盥洗室的开窗通风，室内桌面和地面的卫生整理，室内设备和活动用具的消毒，保洁整理等。

安全工作包括协助保健医生做好入园晨检，检查幼儿是否携带危险物品，和家长进行简短的沟通交流来进一步了解并确认每位幼儿的身体状况等。

卫生工作

（一）保育工作要点及实操方法

要点一：开窗通风

提前半小时进入活动室、寝室并开窗通风，保证空气流通，根据气候及天气的变化灵活掌握开窗通风的时间。雾霾天气不开窗；夏季可以持续开窗通风；冬季开窗让空气对流 10~15 分钟；在呼吸道传染病易发季节，要增加通风的次数和通风的时间，保证每天开窗通风至少二至三次，每次半小时左右；在使用空调的房间内保持每半天通风一次。根据气温做好防寒保暖、防暑降温工作，冬季室温在 15℃ ~18℃，夏季室温不低于 27℃ ~28℃。为幼儿营造舒适、洁净的生活环境。

要点二：卫生整理和消毒工作

幼儿园根据自己本园的具体情况，遵循“先内后外、先下后上、分类消毒”的原则确定晨间卫生整理和消毒顺序及时间。

第一步：用湿性扫除法先把活动室、寝室、盥洗室的地面进行清扫、拖地，做到无积尘、无积垢，地面清扫每天至少 2 次以上；

第二步：用专用毛巾擦拭坐便器和小便斗；

第三步：擦拭桌子、餐车、茶杯架；

第四步：擦拭室内各类柜面、钢琴面；

第五步：擦拭黑板框、窗台、窗轨沟、门把手、水龙头等；

第六步：清扫室外长廊及包干区的环境等。

分类消毒就是根据环境和材料的类别特点有针对性地选择不同消毒工具和匹配不同浓度的消毒液进行分类消毒。如寝室和盥洗室、活动室的拖把要分开使用；茶杯架、餐车、桌子、各类柜面、黑板框、门把手、窗台、窗轨沟、水龙头、茶杯架布帘、毛巾架、保温桶架、塑料玩具等需按 1∶200 的比例稀释 84 消毒液进行擦拭；坐便器和小便斗用专用毛巾，并按 1∶100 的比例稀释 84 消毒液进行擦拭；钢琴面、触控一体机屏幕等用清水擦拭。对不适宜用消毒液消毒的物品（如：图书等）采用太阳暴晒的方法进行消毒。

附 2.1：晨间卫生消毒工作步骤顺序（可根据本园的具体情况调整消毒顺序）

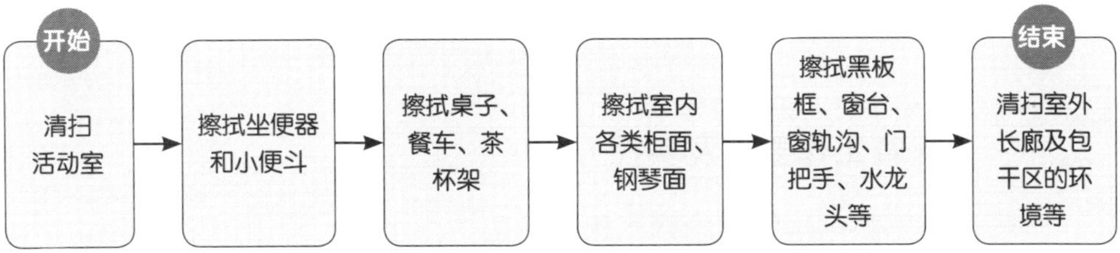

要点三：保洁整理

在晨间紧凑的时间里，保育人员应根据工作内容遵循“先室内后室外、先清扫再擦拭”的原则，高效有序地开展保洁整理工作。具体流程如下：

第一步：摆放茶杯。在清洁双手后，将已消毒的水杯摆放在固定的位置，杯口朝上，杯把朝外，便于幼儿取放。

第二步：摆放已消毒好的生活物品。将已消毒的擦嘴巾折叠好摆放在已消毒的不锈钢托盘内，将已消毒的擦手巾吊挂在擦手巾架上；将幼儿勺子、筷子等放在消毒柜内。

第三步：卫生保洁。保持走廊、楼梯干净卫生，春天回潮期用干拖把拖干净走廊、楼梯，及时清除污渍，同时擦拭包干区内窗台、窗轨、画框的灰尘；用干净抹布清洁楼梯扶手、竖栏、楼梯的垃圾桶面。

第四步：指导来园早的幼儿给自然角的植物换水、浇水。

附 2.2：晨间保洁整理工作步骤顺序（可根据本园的具体情况调整顺序）

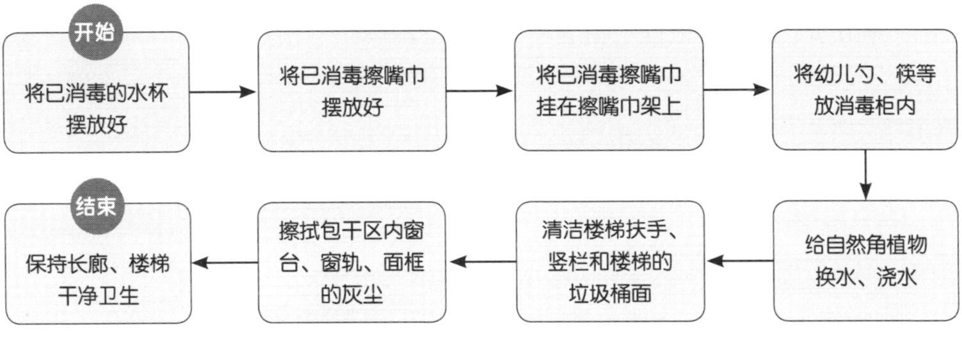

（二）问题小贴士

案例描述

传染病高发期的卫生工作

早晨，明明奶奶带着明明上幼儿园。来到班上，奶奶神情焦虑地对站在教室门口的保育员玲玲老师说道："听说班上有孩子得了水痘，明明来幼儿园会不会被传染呀？""我说不要来幼儿园，可是他一定要来，我也没办法。""你们班上会不会进行消毒工作？"……

明明奶奶一系列的问话流露出她的担忧与焦虑。玲玲老师赶紧向明明奶奶解释："明明奶奶，您的担心我们都能理解。春季是传染病高发季节，孩子年龄小，抵抗能力弱，属于易感人群。幼儿园针对传染病高发季节，除了让有水痘患者的班级错峰开展户外活动，做好隔离防护工作之外，我们每个班在保健医师指导下都加强了卫生消毒措施，严格开展班级各项卫生消毒工作，保证孩子接触的玩具、器具、玩教具的清洁卫生和活动场所的卫生，确保孩子在园的安全，请您放心！"

当玲玲老师耐心地对明明奶奶说出幼儿园采取的一系列防控措施后，明明奶奶放心地回家了。

问题再现 保育员的卫生消毒工作是幼儿园工作的重中之重，除了平时日常的卫生消毒工作，在传染病高发期间幼儿园该如何进一步做好卫生消毒工作，让家长放心呢？

应对策略

在传染病高发季，除了做好日常卫生消毒工作，还需要进一步做好以下工作：

1. 呼吸道传染病流行季节，室内空气保持流通，定期采取预防性消毒措施。

2. 传染病患儿的呕吐物、排泄物按卫生部消毒技术规范操作。如呕吐物的处理：应及时按 1∶5 比例配备的 84 消毒液小心轻洒在呕吐物上，再用卫生纸覆盖在呕吐物上，将覆盖物包裹呕吐物一起放进备用的垃圾袋内，再复套备用垃圾袋扎紧。

3. 抹布、拖把分别在 1∶100 的有效氯消毒液中浸泡 30 分钟并清洗干净。

4. 扶手、门把等物体表面，每日上午用 1∶100 消毒液擦洗一遍。

5. 床单、被套、被褥、床上卧具等不能煮沸或蒸汽消毒的，可在烈日下暴晒 6 小时以上。

6. 地面消毒。地面是孩子们活动的场所，经常会有孩子趴到地上、坐在地上，手经常接触地面，如有污染不及时清除，容易造成病原菌的扩散。故每日早晚采用湿式清扫各 1 次，每日用 1∶100 消毒液拖地消毒。

7. 教寝室环境消毒：每天紫外线灯照射，照射时间在 30 分钟以内。也可用香薰、喷雾进行室内空气消毒。

8. 玩具的消毒。传染病流行或发生时，每日进行一次消毒，要根据不同的玩具选用不同的消毒方式。塑料和橡胶玩具：可在有效溴或有效氯含量为 1∶200 的溶液中浸泡 15~30 分钟；怕湿怕烫的毛类玩具可在烈日下曝晒 6 小时。

9. 阴雨天气对不宜用消毒液消毒的物品（如图书、被褥等）可采用紫外线消毒灯进行消毒。

（三）保育小达人

1. 清洗好方法

（1）毛巾的清洗。洗衣机内放水之后放入洗衣粉，使其充分溶解。将毛巾放入洗衣桶，按好程序，转动几下后，按暂停键，让毛巾在桶内浸泡 10~15 分钟，再继续洗涤（使用温水效果更佳）。这样不仅可以起到消毒的作用，还可以使毛巾更加松软。

（2）杯子的清洗。清洗杯子时，先用洗涤灵、百洁布清洁水池，然后将水池盛满温水，加入一些白醋浸泡杯子，这样更易清除水垢、污渍。用流动的清水清洗完杯子后，用清洁的干布擦拭水渍，这样高温消毒后杯子上就不会留下痕迹了。

2. 回潮天拖地小妙招。在回潮天，地板非常潮湿时，拖地时可用温度较高的热水再加入食盐拖地，可以促进地板快速干爽。

3. 去除透明胶痕的好方法。玻璃上或是桌柜上残留的透明胶痕可滴上几滴风油精，等待片刻后很容易擦掉，也可使用粘胶去除剂清洁擦拭。

安全工作

（一）保育工作要点及实操方法

要点一：设施设备的安全检查工作

保育员老师在做好晨间卫生工作的同时，要注意检查活动室内和长廊等场地的设施设备是否存在不安全隐患，在取放游戏材料和小型活动器械时注意检查是否有破损现象，保障幼儿游戏活动安全有序地开展。

要点二：关注幼儿情绪和身体健康

班级的晨检是幼儿安全的第二道防线。老师要及时关注幼儿情绪和身体健康，对本班幼儿的最近身体状况、精神状态和是否携带危险物品进班等方面进行认真观察，发现异常情况应及时了解原因并妥善处理。对连续几天生病没来园的孩子应及时与家长电话沟通，孩子恢复健康后，家长带好病历去医务室进行审核复查，方可进班参加活动。

（二）问题小贴士

案例描述

危险的饰物

佳佳宝贝喜欢穿漂亮衣服上幼儿园，衣服上的装饰物特别多，如小珠子、小亮片等。有一天在开展音乐活动时，张老师无意中发现佳佳的嘴巴里有一个亮闪闪的东西，张老师让她把嘴巴张开一看，原来是一片小亮片，吓得张老师赶紧让她吐了出来。这时她指了指旁边的小朋友萱萱，说萱萱也有。一看果真如此。萱萱好像意识到自己错了，赶紧把亮片吐了出来。一想到她们在活动时嘴巴里竟然还有这么危险的东西，张老师真是吓出了一身冷汗。经过一番查找，原来亮片是佳佳衣服上的装饰。当老师仔细检查周围没有再发现亮片时，这才松了一口气。

现在生活条件越来越好了，家长们给孩子穿得也是越来越漂亮了，服装的款式、装饰也成了一个亮点。小女孩对衣服上的小饰物尤为好奇，圆圆亮亮的小饰物吸引着她们，她们的手就会不自觉地去摸一摸、拽一拽，这样小饰品就会容易掉下来。孩子们就会不自觉地将小饰品放到嘴边，非常容易造成意想不到的伤害。虽然，老师在家长会上交代过家长们，给孩子选择的服装要安全、易穿、简单大方且方便运动，可是有的家长还是会给自己家的孩子穿镶着亮片、小珠子的衣服或鞋子，无形中给孩子们的安全带来了隐患。

问题再现 如何开展晨检工作以消除安全隐患呢？如何让家长配合幼儿园给孩子穿戴适宜呢？

应对策略

医务人员对孩子进行晨检，更多的是对幼儿的身体状况进行检查，而教师在班上进行二次检查时应是全方位的。首先，对孩子进行基本的身体检查，发现异样及时记录在册，特别是发烧、手足口病、部位有疱疹等要及时告知保健科医务人员。其次，需检查幼儿是否带有尖锐物品或其他异物来园，如发现，教师应及时收回。同时对危险事件的发生要有预见性，比如：孩子的衣着上有珠子、亮片等不安全隐患，穿的鞋子不适合运动，头上的发夹比较尖锐等等。再次，在活动期间对幼儿仔细观察，如发现异样应及时处理并上报。这一切都要求老师们要有一双善于发现问题的眼睛，将安全隐患抹杀在萌芽中。

孩子们对身边的事物和新鲜物品总是充满好奇心，总是想去了解、探索和发现。针对孩子们的这些特点，我们要寓安全教育于教学活动和游戏中，通过生动形象的教育活动和游戏来教育孩子们如何学会控制自己的行为，知道不当的行为会带来严重的后果，从而让孩子们学会自我保护。

同时要和家长及时联系和沟通，家园密切配合，让家长们不要给孩子们穿戴这些带有亮片和珍珠类的服饰，提醒家长们经常检查孩子的衣服口袋，不带危险物品入园。

当然，在幼儿园开展意外事故处理方法的安全培训活动也是非常有必要的。通过培训让老师们对突发意外事故有预先的判断，把意外事故扼杀在摇篮中。指导教师掌握各种意外伤害事故的处理方法，在意外事故发生时做到不慌不乱，迅速有效地进行处理。要牢固树立“安全第一、预防为主”的思想，高度重视幼儿园安全工作，警钟长鸣、常抓不懈、确保安全，让孩子们安然无恙地度过美好快乐的童年时光，平安、快乐、健康地成长。

（三）保育小达人

幼儿园晨检的四妙招：

一摸：摸幼儿的额头、颌下和腮部。检查额头时将手心放在幼儿的前额，感受幼儿前额的温度，是否明显高于自己的手温判断是否发烧；摸颌下可了解下颌部淋巴结是否肿大。将手指轻触下颌骨的下缘向下至颈部两侧，检查是否有肿大。摸腮部可了解幼儿的腮部是否有肿大的现象。

二看：主要看幼儿的精神状态、面色、咽部有无异常，看手、身上皮肤有无皮疹及某些传染病的早期表现。如发现可疑症状，及时报告并送医务室诊断以便隔离、确诊。

三问：要及时向家长了解幼儿的饮食、睡眠和大小便等方面的情况。

四查：要查看幼儿的衣兜内有无不安全的物品，及时发现及时处理，避免意外事故的发生。

幼儿在幼儿园接受的教育不仅体现在正式的教育活动，还有一日各生活环节中接受的教育。我们的幼教工作，也许没多少惊天动地的大事，看似都是些平凡琐碎的事，但幼儿就是随着这些平凡琐碎之事慢慢长大的，尤其是他们各种良好习惯的养成，都是幼儿园保教工作的重要内容之一。细节决定成败，幼儿园教师面对的是天真无邪的幼儿，时刻关注工作中的每一个细节显得尤为重要，“越做越细越好”更是幼儿园保育工作的特点和要求。

二、盥洗环节的保育

盥洗环节一般是在两个活动之间的过渡环节进行，一天中至少有 5 次，也是幼儿在园生活活动中的一个重要组成部分。教师通过这个环节的组织，帮助幼儿建立良好的生活习惯和生活能力，为其终身发展奠定基础。

幼儿园盥洗环节中的保育工作主要体现在洗手、漱口和洗澡（寄宿制幼儿园）三个环节中。

洗手环节

洗手环节是幼儿一日活动中必不可少的环节，良好的洗手习惯是保证幼儿身体健康的基础，能有效帮助幼儿远离细菌、预防腹泻等等。因此，保教人员要高度重视幼儿在园的洗手环节。

（一）保育工作要点及实操方法

要点一：儿歌教学法，让幼儿掌握洗手的基本步骤和正确方法

指导幼儿洗手时，教师不留有长指甲是基本，轻柔的动作、和蔼可亲的语态是关键。洗手前，教师根据孩子的年龄特征选择适合的方法，通过儿歌，教会幼儿正确的洗手方法和步骤。

（1）儿歌《洗手歌》

洗手歌

清清水，哗哗笑，
小朋友，来洗手，
掌心搓掌心，
掌心搓手背，
手指交错，
掌心搓掌心，
两手相握，
互擦指背，
拇指掌中转，
指尖掌心擦，
揉搓腕部要牢记，
再把泡泡冲干净，
细菌快快赶出去。

（2）七步洗手法。（见图 2.1~2.7）

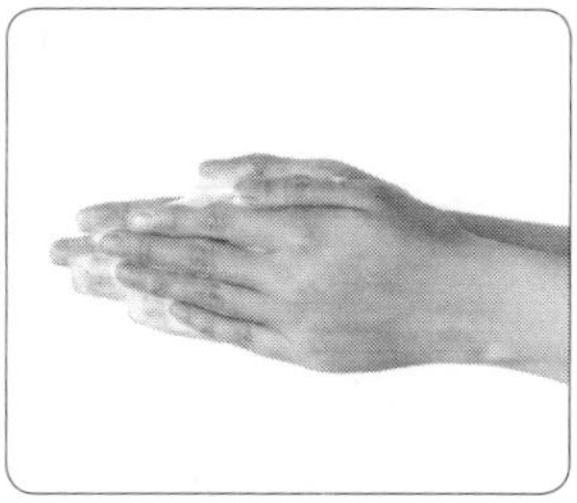

2.1　掌心搓掌心

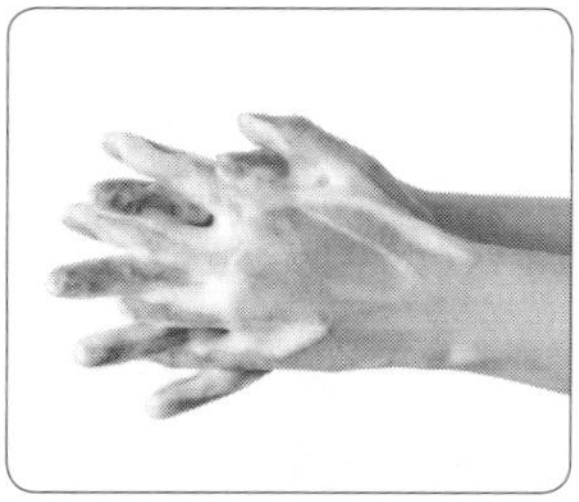

2.2　手指交错，掌心搓手背，两手互换

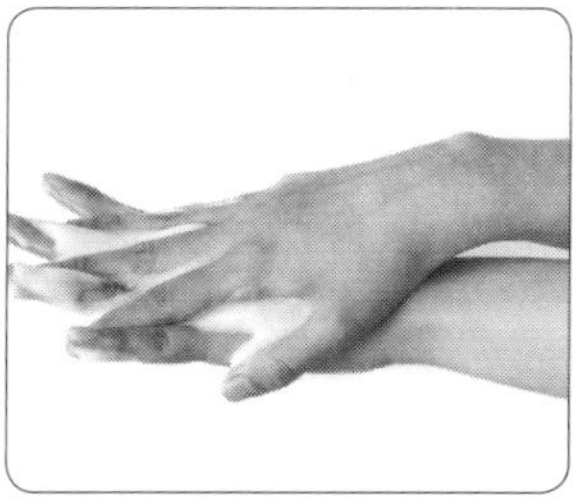

2.3　手指交错，掌心搓掌心

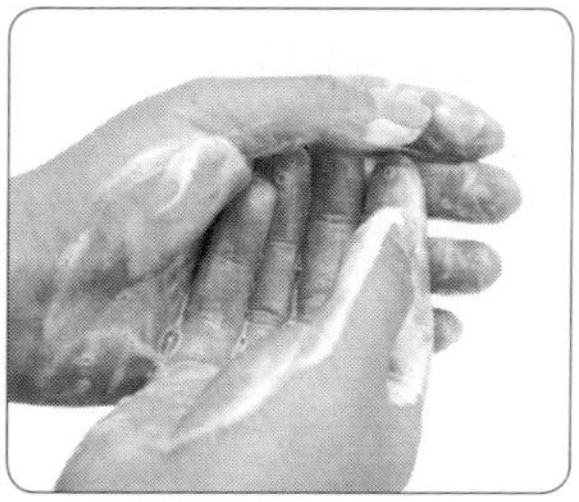

2.4　两手互握，互擦指背

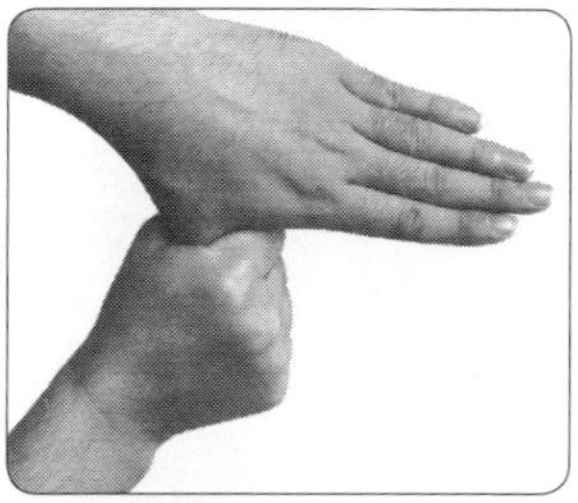

2.5　拇指在掌中转动，两手互换

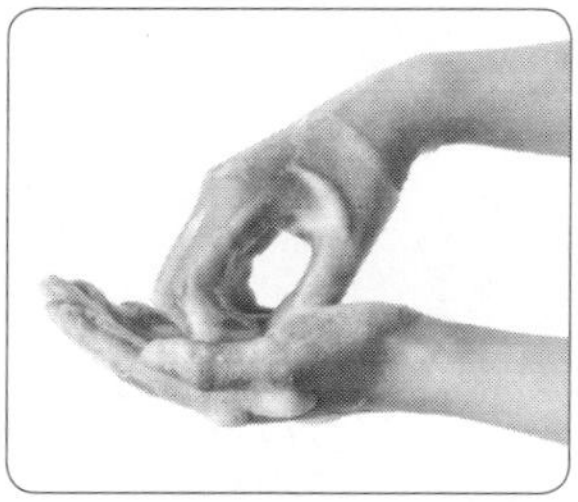

2.6　指尖摩擦掌心，两手互换

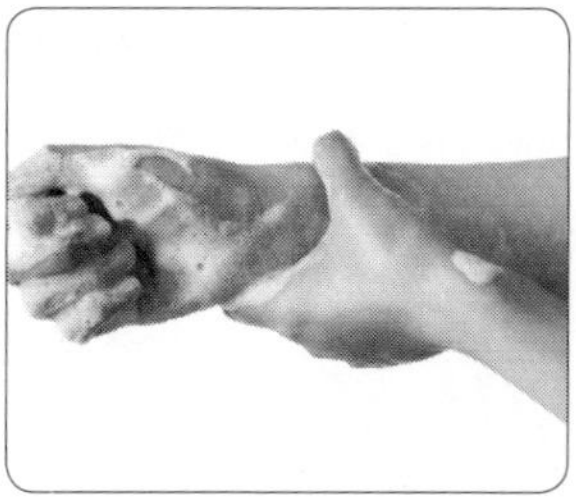

2.7　一手旋转揉搓另一手的腕部、前臂，直至肘部

要点二：关注幼儿衣服的袖子及水流量

幼儿穿了长袖衣服时，教师提醒或帮助幼儿把袖子卷起来（冬季幼儿衣物过多时，教师帮助幼儿撸袖子），以免弄湿袖口；关注水流量，要学会节约水资源，大小适中。幼儿搓泡泡时可关闭水龙头；幼儿洗完手后及时关闭水龙头，避免浪费水资源。如果幼儿洗手时弄湿衣服，教师要及时帮助幼儿更换以免着凉。

要点三：发现问题，调解纠纷

由于孩子天生爱玩水，为此，幼儿在洗手时教师要全程关注，是否有玩水、打闹、拥挤、争抢肥皂（或洗手液）、忘记洗手忘记关水等情况发生。如果有，教师应及时解决问题，了解原因，公平调解纠纷，提醒幼儿认真洗手。

要点四：保持擦手巾的清洁

幼儿洗完手后要找到自己的擦手巾将手中的水擦拭干净。夏天，教师也可引导幼儿洗手后甩甩双手，让小手甩干。教师每天要将擦手巾定时清洗、消毒，并将之晾晒在通风处，保证擦手巾的清洁、干爽。

（二）问题小贴士

案例描述

爱玩水的忻忻

最近一段时间，盥洗室的地面、墙面上经常是湿答答的，而且肥皂袋里的肥皂用得特别快，没几天就用完了，是怎么回事？谁干的？毛老师问孩子们，他们都摇头摆手说“不是我、不知道”。既然这样，毛老师决定做一名“潜伏者”，来弄个水落石出。

一天，孩子们户外活动结束回教室后，毛老师请大家分组进盥洗室洗手，假装忽视他们洗手时的情况。随着时间的推移，小朋友们都陆陆续续出来了，最后只有忻忻还在里面流连忘返。毛老师悄悄地走进卫生间，靠近忻忻。只听见水在哗哗响，忻忻一会儿双手捧着水泼到墙上，洒到地面上；一会儿两只手握着肥皂袋来回使劲儿地搓呀，挤呀，浑然不知毛老师的到来。毛老师轻轻地问：“忻忻，你在干什么呀？”她把手伸出来若无其事地回答：“我在洗手呀？”“地上、墙上怎么这么多水？”“嗯？啊？哦，我不知道呀。”她边说边冲洗手，接着擦干手很淡定地出去了。当然，就凭这一次毛老师还不能断定每次盥洗室墙面地面的水都是忻忻的“杰作”。接下来，毛老师又悄悄“侦查”了几次，基本上她是玩水主角，偶尔也有玩耍同伴。

事情缘由基本尘埃落定，毛老师跟忻忻进行了一段悄悄话。“忻忻，可不可以告诉我，你为什么这样玩水、玩肥皂？”“我在家也喜欢玩水，我发现用手抛的水花好像在下雨，用肥皂搓出来的泡泡就像妈妈给我买的吹泡泡玩具。”能说会道的她说了一大通她玩水时的发现。“那你有没有发现，水池边的地面上、墙上都溅上了水花，而且，肥皂也被你挤碎了浪费了哟！”毛老师便顺势问道，她抬起头看看毛老师，又低下头转动着手指，一脸无辜地说道：“我发现了，可我是不小心的。”

忻忻这样玩水显然是生活经验的迁移，在制造自己生活中见过的雨水和吹泡泡玩具。首先毛老师对她有这种迁移、探索行为还是挺欣赏的，然后引导她了解在玩水的过程中会造成的一些不好的后果，比如浪费水、容易滑倒等，让忻忻慢慢懂得她的这些行为是不对的，并且答应以后会认真洗手，不再这样玩水了。

问题再现 如何教育洗手时喜欢玩水的幼儿？怎样引导幼儿认真洗手？

应对策略

1. 知晓事理，了解弊端

以故事的形式让幼儿了解玩水会造成浪费，会弄湿墙面、地面。弄湿地面会滑倒摔跤，弄湿衣服可能会感冒，可能要吃药打针（一般幼儿都不喜欢吃药打针）。久而久之，让幼儿慢慢养成不玩水、认真洗手的习惯。引导的过程中应给予有进步的幼儿相应的奖励（比如拥抱、奖励贴纸等）。

2. 表扬鼓励，满足需求

应及时观察这些爱玩水的孩子洗手时的点滴进步，及时给予表扬和鼓励。同时教师可在科学区创设玩水情境，满足这些爱玩水孩子游戏的需要。

3. 因人而异，个别教育

对于爱玩水、不认真洗手（表现为：拧开水冲一下，不擦肥皂或洗手液就洗，甚至在水池边晃一下就离开）的幼儿，教师可以采取个别教育，了解原因，使之明白认真洗手的重要性。如果他们认真洗手了，教师则要给予奖励（奖小贴纸或当老师的小帮手）。

4. 分享交流，养成习惯

为了进一步培养幼儿正确洗手的好习惯，通过视频观察法引导幼儿分享交流，也是行之可靠的方法之一。在幼儿洗手时，教师可以用手机录下幼儿洗手过程，然后和幼儿集体观摩讨论，让幼儿了解到哪些洗手方法是对的、哪些是不对的，为什么？知道要向认真洗手的同伴学习。

（三）保育小达人

要帮助幼儿养成良好的洗手习惯，保教人员需做有心人，实现洗手环节的游戏性、趣味性，并同步进行有效的帮助和指导。

1. 张贴指示性图片

教师可以在洗手池前面的墙面上张贴浅显易懂的、步骤清晰的洗手七步图，并指导幼儿按照图示方法洗手。这样，幼儿的手能洗得既快又干净。

2. 设置评比栏

教师可以在图示旁边增添一块评比栏，奖励认真洗手的幼儿小贴纸，贴在评比栏的照片处，一周进行一次小结，小贴纸达到一定数量换一张大贴纸，以此激励幼儿认真洗手。

3. 肥皂切分适宜并科学摆放

教师可将肥皂分成适宜幼儿手抓握的大小形状，装进适宜的肥皂袋里，摆放或悬挂在固定的位置，方便幼儿取放、使用。

4. 家园配合，形成合力

幼儿园里很多工作的开展都需要家园相互配合，教师与家长在教育理念和幼儿良好习惯的养成上要达成共识。在教室门口家园互动栏张贴洗手锦囊，让家长了解幼儿园对幼儿洗手习惯培养的要求及方法，并请家长在家督促幼儿养成认真洗手的习惯，家园同步，形成合力。

漱口环节

“漱口”是最常见、最简单、最方便的清洁护理口腔的有效方法。养成良好的餐后漱口习惯要从娃娃抓起。通过实践与观察，幼儿养成餐后漱口实则不是一件简单的事情。什么时候、用什么杯子、装什么水、装多少水、怎样漱、漱口水吐哪里等等，一系列与漱口有关的问题，都需要教师和家长依据幼儿年龄特征进行正确引导。漱口环节的保育工作旨在指导幼儿科学正确漱口，帮助幼儿培养良好的卫生习惯，从小树立以保护口腔卫生和牙齿的意识，并掌握正确的方法。

（一）保育工作要点及实操方法

要点一：及时漱口

进餐或午点后，口腔内留有食物残渣，它们会滋生大量有害细菌，长期会严重影响口腔和牙齿的健康。此时有必要通过漱口清洗口腔和牙缝，这样口腔卫生才能得到有力保障，牙周炎和龋齿的患病率也会随之降低。

要点二：温开水漱口

许多养生专家提议，我们平时漱口用35℃左右的温开水最合适，过冷或过热的水会刺激牙龈。对于幼儿漱口水的要求应该更严格，最好定位于温开水。首先，他们口腔更娇嫩，不宜刺激；其次，幼儿控制能力、自我保健能力相对弱，漱口时经常会将漱口水吞下，如果是温开水吞下也无妨。

要点三：儿歌、游戏法引导幼儿养成正确漱口的好习惯

基于幼儿年龄特征，他们漱口时难免会草率了事，我们要用他们易接受的方法进行指导，比如自编儿歌《我会漱口》，让孩子们听着儿歌自然学会正确的漱口方法。

附：儿歌《我会漱口》

我会漱口

小水杯，装温水；
喝一口，含嘴里；
嘴闭紧，咕噜噜；
咕噜噜，吐出水。

（二）问题小贴士

案例描述

小花牙疼

晨间，小花妈妈发来消息说小花牙疼，要请假看医生。小花的牙齿的确不健康，最大的原因可能是不喜欢漱口。每次餐后李老师请她去漱口，她都要推三阻四，躲躲藏藏。就在昨天，幼儿陆陆续续结束午餐，李老师一如既往地提醒孩子们去盥洗室漱口。小花一脸紧张地过来告诉老师："李老师，我不能漱口，我会把漱口的水吞进肚子里的。""哦，你装保温桶里的温开水漱口，吞下去也没关系。"一会儿问题又来了："李老师，有人把漱口的水吐地上了，好滑。"老师回答："谢谢你提醒，我来拖干。""李老师，我不知道怎么漱口。""老师，小树他也没漱口呀。"为了不漱口，小花的理由层出不穷，最后，一定是李老师牵着她去漱口才罢休。一系列的问题困扰着小花，也考验着李老师。餐后漱口，对于小班幼儿来说的确有一定的难度，各种问题屡见不鲜。

结束午餐后，"宝贝们，你们都漱口了吗？""漱了。""好的，我们来玩一个游戏'你瞧瞧，我看看'。"小朋友都张大了嘴，非常认真地互相检查。游戏结束，几位没有漱口、嘴里还有饭菜残渣的孩子被同伴们发现了，小花就是其中之一。"刚才有的小朋友漱口时将漱口水吐地上，你们认为对吗？""不对。""那吐到哪里才好？""水池里。""老师陪你们漱一次口怎么样？"接下来，李老师将正确的漱口方法完整地再现，孩子们似乎看得很认真，每位小朋友都开心地再一次漱口。希望通过互相影响，互相学习，他们会喜欢漱口、坚持漱口，让餐后漱口成为一种习惯。

问题再现　如何纠正幼儿不喜欢、不认真漱口的现象？如何避免幼儿漱口时玩水的现象？

应对策略

1. 游戏法激发幼儿学习正确漱口的方法

基于幼儿年龄特征，特别是小班幼儿，或许是还没掌握正确漱口的方法，对待餐后漱口经常马虎了事，起不到清洁口腔的作用。此时，除了互相检查督促，游戏的作用更是不可小觑，比如"小鱼吐泡泡"效果就挺不错。"宝贝们，我们是一群快乐的鱼，你们是小鱼，老师是鱼妈妈，我们来含一口水，咕噜噜，咕噜噜，吐泡泡，最少要吐三次泡泡哦。”营造欢快的氛围，让幼儿形成喜欢漱口、主动漱口的好习惯。

2. 教师的亲身参与和陪伴让幼儿喜欢漱口

餐后，教师可以陪同幼儿一起认真漱口，一段时间后，幼儿也会像老师一样，餐后认真漱口，把漱口变成一件开心的自然的事情，这就是榜样和陪伴的力量。

3. 了解幼儿的兴趣点，鼓励幼儿发现漱口的乐趣

玩水几乎是每位孩子的最爱。为此，孩子漱口的兴趣点往往在玩水，他们一会儿将漱口水吐到地上、一会儿吐到墙上的现象比比皆是。此时，老师可以利用他们喜欢的游戏“水枪发射”来纠正孩子的这些不适宜行为。教师引导孩子想象含了水的嘴巴像水枪等等，鼓动嘴巴，发出咕噜咕噜咕噜声，默数三下，对准水池发射，这样，水就不会吐到水池外了。

4. 家园配合促进幼儿养成坚持漱口的好习惯

取得家长的配合很关键，教师可以出一期“幼儿漱口锦囊”推送给家长，请家长了解餐后漱口的重要性，积极配合幼儿园的教育，形成合力，那么幼儿养成良好的餐后漱口习惯则水到渠成。

（三）保育小达人

“漱口”一词大家耳熟能详，作为一项基本生活技能，它看似容易，但要让幼儿掌握好却非易事，需要一个过程，也需要教师和家长在适宜时机给予指导与帮助。

1. 观察口腔中的食物残渣

教师准备好两个无色透明玻璃杯，一个装餐后漱口水，一个装清水，引导幼儿观察，说说自己的发现。重点说说漱口水中的食物残渣，顺势小结这些食物残渣对口腔和牙齿的伤害（引发口臭或牙龈炎等）。

2. 我的口腔图片（漱口前后）

教师拍下一位小朋友餐后漱口前和漱口后的照片进行展示对比，鼓励幼儿说说两张照片中的口腔状况。接着请照片主人说说自己漱口前后的感觉，

喜欢哪种感觉？大家肯定都会喜欢漱口后清新的感觉，还能保护牙齿，一举多得，幼儿餐后积极漱口也许不再会是难题。

3. 展示牙齿模型（又齐又白的和又稀又黑的）

幼儿观察牙齿模型后，展开讨论，为什么有的牙齿又齐又白，有的牙齿又稀又黑呢？教师和幼儿共同小结：餐后坚持认真漱口的人牙齿会又齐又白，餐后不认真漱口的人牙齿会又稀又黑。当然，也要让幼儿了解还有其他因素会影响口腔和牙齿的健康与美观，比如过多地吃糖等。

4. 针对不同年龄段幼儿特点，选择适宜的漱口指导方法

针对幼儿的年龄特点，应选择不同的漱口指导方法。

小班：教师指导小班幼儿漱口时，开始阶段允许他们先喝水，也能起到清洁口腔的作用。之后教师重在反复多次的示范与讲解，并结合趣味性强的相关儿歌，等幼儿基本掌握正确漱口方法后鼓励他们独自漱口。

中大班：中大班幼儿基本能独自漱口，但教师可再次讲解示范并提高漱口要求。比如：装温开水漱口；有序漱口；漱口要反复多次，至少要含、吐三次温开水，鼓动嘴巴，让漱口水充分转动；将漱口水吐在水池内等等。

三、喝水环节的保育

水是生命之源，它在人体中有不可或缺的作用，补充人体营养离不开它，机体的各种新陈代谢需要它。正常情况下，孩子需要的水除了摄取的食物（特别是含水较多的奶类、汤汁类等食物）在体内代谢生成的一部分，还需要通过直接饮用水来满足大约一半的水。幼儿身体中的水分约占其体重的70%左右，充足的饮水可维持正常的新陈代谢，调节体温，确保咽部湿润、大便畅通，提高机体抵抗力，为孩子体内提供丰富的矿物质。幼儿的新陈代谢相对旺盛，每天要消耗的水分占体重的10%~15%左右，3~6岁儿童饮水量100~150ml/次，并根据季节变化酌情调整饮水量。这样看来，培养幼儿定时定量饮水的良好习惯至关重要、刻不容缓。而在幼儿饮水环节的保育工作也是不容忽视的，水质、水温、水量、饮水过程中的安全等方面均需保教人员关注。

（一）保育工作要点及实操方法

要点一：清洗消毒

保育员每天要定时给水壶、水杯、保温桶、杯柜进行清洗消毒。清洗消毒结束后，先擦拭杯柜，再将洗净、消毒好的水杯放入杯柜对应的位置，注意杯把朝外、标志朝外、杯口朝上，杯子最好不要接触柜壁，放置好水杯后应及时关闭柜门或柜帘，以防落尘。水杯要做到一人一杯，专人专用。

要点二：适宜的饮用水

幼儿饮用水的水质要符合国家饮用水标准，如：不含有病原微生物及危害人体健康的化学物、放射性物质。定时为幼儿准备足量的符合健康标准的安全饮用水，是保障幼儿每天正常饮水量及身体健康的基础。

要点三：适宜的水温

将温度适宜的温开水倒入保温桶，确保水温合适，以免太烫导致烫伤幼儿。建议冬天幼儿饮用水保持在45℃左右，夏天幼儿饮用水的温度只需要与室温一致即可，做到相对的冬暖夏凉。

要点四：有序喝水

教师组织幼儿取自己的杯子，排队有序接水，不要把水撒在他人身上，要注意烫伤。装好水后引导幼儿先用嘴轻轻触碰一下水，感觉不烫后再吹吹小口小口地慢慢喝。

要点五：帮助孩子了解科学饮水的知识

（1）白开水是最好的饮品，要少喝或不喝碳酸饮料。

（2）温开水相对来说更安全、更止渴，对身体更有益。

（3）不要等到口渴才喝水。

（4）一次喝水要适量，喝水要小口慢饮，让身体能有充分时间进行新陈代谢。

（5）剧烈运动后不宜马上饮水，要休息5~10分钟后才能饮水。

（二）问题小贴士

案例描述

我不想喝水

有些孩子的喝水问题总是困扰着教师、家长。几乎，每天晨间，老师都要面对几位家长的叮咛：“曾老师，提醒我家点点多喝点水，这几天她喉咙不舒服，有点咳嗽。”“曾老师，今天麻烦你盯着我家果果多喝点水，他不喜欢也不会主动喝水，最近老是便秘。”诸如此类，班上的确有这样的宝贝，比如小男孩果果，家长反映他在家不主动、不喜欢喝水，经常便秘。在班上呢，喝水也是一个难于解开的结。课间大家都去排队喝水，果果却坐在位置上不愿起来。“果果，大家都在喝水，你也来呀。”“我不渴，不想喝水。”当老师再找他的时候，他已经溜进区域角玩去了。他发现老师一直在找他喝水，实在没办法了，就随意插进队伍，因此还引起排队纠纷。乖点的幼儿直接告状：“曾老师，果果又插队了”，有的幼儿则直接把他推出队伍。

对于幼儿来说，每天获取足够的水分是保证身体健康、进行正常活动的前提。面对不愿意喝水的幼儿，要引起老师重视。为了激发孩子们对喝水的兴趣，老师将生活中愉快的喝酒干杯的场景进行迁移，和幼儿一起玩“我们来干杯”的游戏。老师和幼儿一起排队装喝水，“宝贝，我们大家一起干杯吧”，“好呀好呀”，大杯子与小杯子碰到了一起，发出愉快悦耳的声音。这样的氛围中，孩子们品尝到水是甜甜的，大家一饮而尽，感受到喝水是件快乐的事。

问题再现 怎样鼓励、引导幼儿喜欢喝水？如何有效引导喝水时幼儿良好的秩序感？

应对策略

1. 游戏催生喝水热

喝水时间，有的幼儿会装作没听见，有的去饮水机附近溜一圈就离开，还有的溜进区域角玩。面对这些不爱喝水的幼儿，教师应沉着冷静寻找策略，只要方法得当，喝水问题将迎刃而解。幼儿的天性喜欢游戏，经过尝试，游戏“摸摸小杯子”正面效果很不错。喝水之前，教师跟幼儿约定：“喝完水后请你把小杯子给我摸一摸哦，我喜欢温温的感觉”。“老师，你摸摸我的杯子”“老师，我的杯子也是温温的”，如此这般，小朋友喝水的热情高涨。还有上面案例中的游戏“我们来干杯”也是效果显著。

2. 共同收集或创编儿歌

教师平时可收集或和幼儿共同创编朗朗上口的儿歌，喝水的时候与幼儿一起朗读，让幼儿觉得排队喝水很有趣，很好玩，从此喜欢喝水。

附：儿歌《我要喝水》

我要喝水

杯子说
装水装水，我要喝水。
爸爸说，
装水装水，我要喝水。
妈妈说，
装水装水，我要喝水。
老师说，
装水装水，我要喝水。
小朋友说，
装水装水，我要喝水。
来来来，
来来来，
大家一起来喝水。

3. 巧用环境积极引导幼儿正确喝水

有些孩子喜欢在接水、喝水的时间你推我挤、嬉戏打闹，安全隐患不小，教师应及时有效解决问题。可在恰当的位置张贴容易被幼儿理解和接受的“喝水流程图”，通过环境暗示、引导幼儿了解喝水打闹容易出现不愉快、不安全事件，逐步帮助幼儿建立有序、安静喝水的良好习惯。

4. 合理规划班级喝水区

对班级喝水区域进行合理规划，划分接水区、喝水区等。在孩子排队接水的时候，如果有一定间隔的小脚丫或小圆点或其他图案作为指引，因拥挤而打闹的问题将迎刃而解，文明喝水的好习惯也就顺势养成。

（三）保育小达人

幼儿喝水的重要性不言而喻。幼儿喝水存在的问题，如果老师放任自流，不加以干预，那么幼儿的身体健康势必受到一定影响。因此，在引导幼儿喝水时，教师需寻找策略、解决问题。

1. 发挥环境的教育作用，让环境“说话”

师幼合作，共同在饮水区布置版面“我爱我的花”，幼儿每喝一杯水，就可以自取一朵事先准备好的彩色花贴在自己的姓名或照片旁。教师每周对幼儿的喝水情况进行一次统计和小结，“你爱的花儿有几朵”，鼓励中大班的幼儿自己计数，每十朵换一张贴纸。这样往复循环，幼儿喝水的主动性与积极性将得到最大限度地激发。

2. 故事总动员，发挥故事的教育价值

通过适宜的故事培养幼儿良好的喝水习惯。家园合作，收集一些生动有趣的故事（比如《小石头喝水》等），让幼儿通过倾听故事，说一说水对人和动物乃至植物不可或缺的作用。久而久之，幼儿会知道自己也离不开水，喝少了水身体会不舒服，从而实现从“要我喝水”到“我要喝水”的转变，自觉喝水的好习惯自然养成。

四、如厕环节的保育

学会自己如厕，对幼儿来说是值得骄傲的一件事，对他们的成长有极其重要的意义。如厕是幼儿在幼儿园一日生活中必不可少的环节。在这个生活环节中，幼儿（特别是小班的幼儿）经常会出现一些状况，需要教师及时关注、精心呵护。在实践中指导幼儿掌握基本的、简单的生活自理能力，帮助他们从小养成良好的如厕习惯，促进他们健康成长，这也是如厕环节中保育工作的核心内容。

（一）保育工作要点及实操方法

要点一：根据不同年龄段的幼儿特点制定不同的如厕常规要求

对于小班幼儿，要求他们主动向教师提出如厕的想法，学习排队，有序如厕，知道大便后要擦屁股，懂得便后要洗手，知道如厕时不打闹，注意安全。

对于中班幼儿，则要学会定时大小便，有困难会寻求帮助，学会正确的如厕方法，学习主动大便，便后尝试自己擦屁股。便后主动洗手，了解如厕时的自我保护的方法。

对于大班的幼儿，则要求他们如厕有序，定时大小便，便后自己会擦屁股，便后主动洗手，不在厕所里嬉戏打闹，掌握一些自我保护方法。

要点二：掌握正确的如厕流程

流程一：脱裤子。鼓励幼儿自己用正确方法脱裤子。

流程二：站小便器前。男孩子站在小便器前准备小便。

流程三：坐（马桶）。男孩或女孩坐马桶上准备大小便。

流程四：穿裤子。便后会自己用正确方法穿裤子。

流程五：冲水。便后要冲水再离开。

流程六：洗手。便后要认真洗手。

要点三：引导幼儿及时如厕，允许幼儿按需如厕

有时，个别家长会向教师反映，他家宝贝接出班第一件事就是要小便或大便。这种现象要引起教师的重视平时要多观察，分析幼儿不愿在班上及时如厕的原因，有针对性地给予指导。允许幼儿随时按需如厕，特别是活动中的过渡环节时要提示、督促幼儿及时如厕，告诉孩子憋大小便对身体的不良影响。

要点四：关注幼儿需求，耐心做好幼儿大小便的照顾和清洁工作

当教师发现幼儿如厕有困难时（比如不会穿脱裤子，不会擦屁股等），要善于关注幼儿的生理和心理需求，并及时给予帮助；用心观察幼儿情绪，对于尿湿裤子的幼儿，要主动帮助他换上干爽的裤子，不羞辱、不责怪。更换裤子时，要尽可能地避开集体，保护幼儿的自尊心。

（二）问题小贴士

案例描述

他推我

“宝贝们，我们今天的游戏活动结束了，大家分组去喝水、尿尿吧。”在邓教师的引导下，孩子们分小组陆陆续续走进盥洗室，有的喝水，有的小便，此时的盥洗室里热闹非凡。不久传来了一阵稚嫩的争吵声：“哎呀，这是我第一个抢到的”“不可以，你走开，我就要第一个拉尿”“邓老师，他推我摔跤了，呜呜呜（哭声）”。原来，由于男孩人多小便池少，小朋友小便必须排队等待。辰辰性子急，不愿等，一进去就开抢小便池，已经准备尿尿的乐乐当然不乐

意了，接着辰辰就动手推开乐乐，导致乐乐摔倒。

除了争抢便池，因各种原因尿湿裤子的幼儿也屡见不鲜，特别是小班。他们初入集体生活，自控能力、解决矛盾的能力相对弱，缺乏谦让意识，他们常常用的是霸抢战术。“别人不给我我就抢”“抢不赢就打、推，甚至咬”。

小班幼儿模仿能力强，他们能模仿攻击性行为，当然也会模仿谦让、互助等一些良好行为。为了减少“他推我”事件，邓老师找来了幼儿在集体活动中学过的儿歌《小蚂蚁搬豆豆》，其中井然有序的小蚂蚁深受幼儿喜欢，给幼儿树立了好榜样。邓老师把小蚂蚁剪下来，一个一个排好队贴在小便池上面的墙面上，这样，排着队的小蚂蚁会潜移默化地影响幼儿，懂得要有序如厕。争抢便池事件必定会逐步减少直至消失。果真，邓老师再也不用每次在幼儿如厕前唠叨：“拉尿时要排队，不要你争我抢哦”！而是孩子纷纷对着老师说：“邓老师，我没有推别人，也没有抢小便池”，“邓老师，我排好队了”。

问题再现 如何有效引导幼儿有序如厕、不争抢便池？怎样引导帮助在幼儿园经常尿湿裤子的幼儿？

应对策略

1. 发挥文学作品的正面引导作用

教师可以收集幼儿日常活动中学过的相关故事或儿歌中小动物有序排队的图片，并在盥洗室的墙面上张贴，从行为规范的角度告知幼儿应该有序如厕，不要你争我抢。

2. 值日生协助教师监督、检查

教师还可以请小朋友轮流当值日生，当教师的小帮手，协助教师监督、检查小朋友是否会排队等待。幼儿的一些不良如厕习惯在值日生的协管和图片的指引下也可以得到改进，养成良好的如厕习惯。

3. 关注个体差异，进行有效指导

在幼儿园，幼儿尿湿裤子屡见不鲜，尤其是小班。尿湿原因不外乎有三个：一是幼儿因贪玩忘了如厕；二是不会脱穿裤子不愿意如厕；三是幼儿换新环境不习惯在幼儿园如厕。教师要因人而异，“对症下药”。比如，对于贪玩忘了如厕的幼儿，教师要及时提醒他如厕；对于情绪不稳定的幼儿，教师要多安抚、多亲近（如抱一抱、亲一亲）；对于不会脱穿裤子的幼儿，一方面教师直接提供帮助，并提醒家长给孩子穿宽松易穿脱的裤子，另一方面可以在区域活动中通过给娃娃穿脱裤子的游戏帮助幼儿掌握穿脱裤子的便利方法，这样他就会对如厕没有顾虑了。经过一段时间，尿湿裤子的现象也会大大减少。

（三）保育小达人

众所周知，任何好的习惯都要从小养成，就像一棵小树一样，如果小时候是直的，那么长大后也基本是直的。幼儿文明如厕的习惯如何养成？正面强化是最有效的教育手段，从细微之处入手，让孩子习得良好如厕习惯做到事半功倍。

1. 创编儿歌

简洁明快、朗朗上口的儿歌，深受幼儿欢迎。

排队如厕时学念儿歌：

小朋友，
有礼貌，
一个个，
排好队。
等一等，
没有人，
再上去，
我们排队来如厕。

便后擦拭时学念儿歌：

小手纸，
折一折，
擦一擦，
小屁股，
真干净。

2. 树立榜样

指导幼儿如厕，教师要循序渐进，先培养幼儿遵守规则、执行规则、自觉行动、从他律转变为自律的品质。在实践的过程中，运用树榜样、给奖励的方法，更易让幼儿形成良好的如厕习惯。比如：在组织幼儿排队如厕时，让未轮到的幼儿观察有序如厕的幼儿，通过榜样引领，激发其他幼儿产生有序如厕的愿望；同时被同伴模仿和学习的幼儿也会因此产生自豪感，良好的如厕习惯则会得以强化和巩固。

3. 节约用纸

了解手纸的用途，节约用纸，学习正确使用手纸擦拭屁股。手纸，是卫生间必备的生活用品。对于小班的幼儿要了解手纸的作用，中班幼儿除此之外还要尝试使用手纸擦屁股，大班幼儿要学会正确使用手纸擦屁股。教师在幼儿自己擦屁股后，再用手纸帮孩子擦一次屁股，检查是否擦干净。如果教师关注及时，一周之后孩子便基本学会自己擦屁股了。

4. 游戏中学习穿、塞裤子

教会幼儿穿、塞裤子是需要方法的。有的幼儿不愿意及时如厕，是因为他不愿或不会穿、塞裤子。穿、塞裤子是需要幼儿长期练习的一种生活自理能力，冬天和夏天塞裤子有差异，教师要从秋季入园就开始对小班幼儿进行指导。塞裤子的重点步骤是：除小短裤之外，把所有的裤子脱到屁股下面；把上身的贴身衣服拉下来，抚平；把秋裤或外裤提上来，套在上身的贴身衣服外面；最后，把所有外裤从内到外一层一层往上提。穿、塞裤子这种生活技能的练习是非常枯燥无味的，为此教师应在生活区或操作区以游戏的方式让孩子去练习这种生活技能，增加其趣味性、游戏性，让幼儿在游戏中不知不觉巩固这种生活技能的掌握，提高幼儿独立穿脱裤子的能力。

幼儿任何一个好的习惯养成都不是一蹴而就的，需要幼儿、家长、教师形成合力，更需要教师教育引导的持续性。

五、进餐环节的保育

进餐环节是幼儿在园进行营养补给的重要环节，也是孩子们健康的起点。包括早餐、午餐、晚餐和午睡后的点心。在进餐环节中要创设一个良好的用餐环境，帮助幼儿养成良好的进餐习惯，保证进餐环节的有序进行，提供幼儿生长发育所需营养等。进餐环节的保育工作主要体现在餐前准备、组织进餐、餐后整理三个环节中，旨在通过这三个环节的保育工作，帮助幼儿养成良好的进餐习惯，有助于提高幼儿的身体素质。

餐前准备

（一）保育工作要点及实操方法

要点一：稳定的幼儿情绪是幼儿愉悦进餐的前提

进餐前半小时要求幼儿不做剧烈运动，稳定幼儿情绪，激发幼儿对膳食的兴趣，让幼儿保持愉快情绪准备进餐。

要点二：指导幼儿自主有序地做好餐前如厕和洗手

在组织幼儿进餐前教师应先洗手，并指导和教会幼儿如厕和洗手的正确方法，对有困难的幼儿给予及时的帮助与指导。

要点三："清、消、清"三部曲，做好餐前桌面消毒工作

餐前 15 分钟做好桌面消毒工作，教师应穿好工作衣带好手套，先用清水擦拭一遍桌子，再按 1∶200 的比例配置 84 消毒液水擦拭一遍桌子，最后再用清水擦拭一遍桌子，确保幼儿进餐使用的每一张桌子都清洁、卫生，不残留 84 消毒液。

要点四：准备餐具及擦嘴巾

把消毒过的擦嘴巾整齐摆放在指定位置，便于幼儿餐后使用。中大班应带领值日生整齐摆放餐具，碗筷、勺子检查有无破损，如有破损及时更换，在摆放餐具的过程中，如有餐具掉在地上，要马上更换。若冬季低温低于 10℃时，擦嘴巾要求加热。

（二）问题小贴士

案例描述

小手又脏了

准备吃饭了，陈老师组织孩子们进入盥洗室如厕洗手，东东早早地就从盥洗室出来了。

"东东，你洗了手吗？""洗了呀，陈老师你看！""嗯，真棒！果然是洗得干干净净的。"

动作快的孩子已陆陆续续从盥洗室出来了，这时姗姗跑来告状："老师，东东和琳琳洗了手又去玩玩具了！"陈老师一看，不但东东和琳琳的小手在玩玩具，其他小朋友的小手也是到处乱摸，有的小手在桌子椅子上蹭来蹭去，有的小手在玩口袋里的东西，有的小手在打打闹闹……

哎呀，眼看就要吃饭了，孩子们的小手又脏了，陈老师只好让这些孩子再次去盥洗室洗手。这一次为了避免孩子们的小手再次污染，陈老师带着孩子们做起了手指游戏："五只小猴荡秋千，嘲笑鳄鱼被水淹，鳄鱼来了鳄鱼来了啊呜……"孩子们一从盥洗室出来就坐在座位上，跟随着陈老师一边做着喜欢的手指游戏，一边等着送餐车的到来。

问题再现 有些幼儿洗完手后，总是喜欢摸摸这摸摸那，甚至在桌子椅子上蹭来蹭去，应该如何避免幼儿洗手后接触东西再次弄脏？如何对幼儿进行餐前的卫生教育？

应对措施

1. 文学作品渲染法

通过故事、儿歌、表演等方法让幼儿知道餐前洗手并保持小手干净的重要性。知道小手接触外界的东西会带有细菌，这些细菌都是我们看不见、摸不着的，假如不保持小手干净，手上的细菌就会随着食物进入幼儿的肚子，容易引起肠炎、拉肚子。

2. 儿歌游戏教学法

这种教育方式让幼儿减少消极等待时间。幼儿分组进入盥洗室洗手，中间穿插幼儿熟悉的歌曲律动，当一组幼儿盥洗时，另一组幼儿正在专心地做律动，盥洗回来的幼儿随时跟进。既照顾到了幼儿间盥洗时间长短的差异，又照顾到全体幼儿，没有了空余时间，孩子洗干净的手也不会再次弄脏。中间穿插的音乐律动定时更换，还可以用手指游戏作为穿插，通过这些方法集中幼儿的注意力，调动幼儿的积极性，避免幼儿洗手后接触其他物品，保持小手的干净。

3. 家园配合法

家长在家要多督促提醒幼儿勤洗手，养成饭前主动洗手并保持干净的好习惯，家长也要身体力行，为孩子做出好榜样。有一定条件的家长可以带自己的孩子通过显微镜观察细菌，让孩子对细菌有一定的认识，这样就能更好地让幼儿认识到保持小手干净的重要性。

（三）保育小达人

1. 餐前播报促进食欲

教师事先了解当天的菜谱，利用网络搜索菜肴营养价值的图文，在餐前给幼儿看色彩艳丽的图片，配上生动的描述，让幼儿了解每种菜对身体生长发育的好处，激发幼儿用餐的兴趣，促进食欲。

2. 巧用抹布清洁餐桌

擦拭餐桌时，抹布对折成长方形，自上而下、从左至右擦拭桌面，再擦餐桌四角边。擦一张桌子翻一个面，一块抹布擦完两张桌子后要进行清洗，不能不经清洗反复使用。

组织进餐

（一）保育工作要点及实操方法

要点一：领取并查看餐食

教师领取餐食并妥善放置，在领取餐食时应首先用眼看、用鼻闻，发现食物有异，应立即停止分餐并查明原因，采取措施。教师不能离开餐食，保证食物的卫生以及幼儿的安全，教育幼儿不靠近餐食，以免烫伤。

要点二：科学规范分餐

1. 做好卫生防护

给幼儿分餐时需佩戴口罩和一次性手套，以免飞沫进入食物。

2. 合理分餐

分餐时要优先照顾体弱生病、进餐慢的幼儿，饭菜少盛多添，均匀分餐，公平对待每一位幼儿。饭菜要分别盛在碗和盘中，吃完饭再盛汤。分饭菜时，动作要快、要均匀，要适当控制肥胖幼儿的饭量。分汤菜前，要用菜勺搅拌各种菜肴及汤，让汤菜混合均匀。

3. 有序领取食物

小班初期，幼儿行为能力较弱，教师应把盛好的饭菜放在幼儿餐桌上；进入中大班后，教师应有意识地锻炼幼儿自己到分餐桌前端饭菜，学会自我服务。教幼儿取好饭菜后，两手将餐具端平，眼睛既要看手中的餐具避免泼洒，又要看路以躲开障碍物，回到自己的座位后，轻轻将餐具放在桌上。

4. 介绍食谱及营养

教师向幼儿介绍食谱时应做到表情自然、愉快，语气生动，内容活泼，既能准确地介绍饭菜的色香味，又能说明饭菜营养对幼儿的有益作用，让幼儿产生想吃、要吃、爱吃的心理，增进幼儿食欲。

要点三：营造氛围，愉悦进餐，形成习惯

教师要努力营造一个愉快的进餐氛围，让幼儿开开心心地吃饭，并体会到吃饭的快乐。多给幼儿一些进餐的时间，改变“过多强调纪律”的进餐气氛，不要在饭桌上斥责幼儿，以免影响幼儿进餐的情绪。

进餐时，教师应鼓励幼儿细嚼慢咽，不催促幼儿快吃，保证幼儿充足的进餐时间。在进餐的过程中要关注每个幼儿的情绪变化，对年龄较小的幼儿要亲自喂饭，对挑食、偏食以及暴食的幼儿给予及时的指导和帮助，不应批评幼儿或者强迫幼儿进餐，而应通过鼓励的方式培养幼儿良好进餐行为。如有食物过敏的幼儿，教师要提醒食堂为个别幼儿提供适宜有营养的食物；如有幼儿出现食欲不振的情况，要及时了解原因，对症下药。

教育幼儿不撒饭、不剩饭、不糟蹋饭菜，不弄脏衣服，不东张西望，不大声讲话。保持桌面、地面干净，巡视指导幼儿正确地使用餐具，如：小班使用勺子进餐，先在椅子上坐端正，一手扶碗一手拿勺，到了中大班就要学习怎样使用筷子正确进餐。

要点四：观察、发现幼儿进餐时的异常现象

教师应仔细观察、了解每一个孩子的进餐特点，包括进食速度的快慢，食量的大小、食欲是否旺盛等情况。随时注意观察孩子进食的情况，发现孩子的异常表现，及时与家长沟通，一旦发现疾病，立即治疗，以免延误时机。

（二）问题小贴士

案例描述

不吃蔬菜的晨晨

刚开学，李老师便发现了班上有许多挑食的宝宝，有的不爱吃肉，有的不爱吃蔬菜，有的则不爱吃豆制品。在这一群可爱的宝宝中，晨晨小朋友表现得尤为突出，每次开饭前，她都要来瞧一瞧今天的饭菜，如果有她不喜欢的蔬菜，就会指着菜告诉老师："李老师，这个我不爱吃，我不要！"一开始，为了安抚宝宝的情绪，李老师总是会答应她的要求。转眼间一星期过去了，老师决定管管这个挑食的小家伙！

在幼儿进餐前，李老师利用讲故事的方法，调动晨晨的食欲。如："小白兔爱吃蔬菜和萝卜，所以它能蹦蹦跳跳的，那么，如果小朋友们挑食的话，就会长不高……"李老师还和晨晨单独交流，告诉她蔬菜有很好的营养，吃了以后会变得漂亮，皮肤白白的，个子高高的，并适时地提出要求："今天老师给你打一点点蔬菜。"晨晨勉强答应了。

开饭时，李老师给晨晨添了一小勺蔬菜，但等李老师分好饭菜后发现，晨晨的饭和肉都吃了大半，而蔬菜却没有动。于是李老师指着与晨晨同桌的阳阳，用夸张的口气说："阳阳大老虎吃了好多的蔬菜，今天我们的老虎宝宝也来比赛，看看哪只老虎宝宝吃得最多……"接着李老师来到晨晨旁边，用小勺盛了一口菜，送到她嘴边说："咚咚，小勺来敲门，老虎在吗？快把门打开，蔬菜宝宝要来做客了。"谁知，晨晨高兴地张开嘴说："老虎在！"还学着老虎的样子"嗷呜"一口就吃掉了，刚吃完，晨晨就大声说："李老师，再来敲门。"于是李老师笑着说："你欢迎蔬菜宝宝来做客吗？"她点点头说："欢迎！"不一会儿，她碗里的蔬菜就都到她肚子里"做客"去了。

问题再现 面对晨晨这样的孩子，教师应该如何帮助幼儿改正挑食偏食的坏毛病？养成良好的进餐习惯？

应对策略

1. 向幼儿介绍菜谱和营养。结合当天的饭菜，形象地向幼儿介绍有关食物的名称、特点及营养价值，知道它们都是有营养的食物，对人们的身体健康有益，并通过儿歌、故事等形式让幼儿明白偏食、挑食给身体健康带来的危害。

2. 引导和鼓励幼儿科学进餐。教师应用儿童化的、具有感染力的语言来引导幼儿。如：“蔬菜和肉肉做朋友，放在嘴里一起嚼，营养又美味”；“我们来当大老虎，大老虎会嚼肉肉，你会不会啊？”

3. 榜样引导法。进餐时从每一桌中找到一个榜样宝宝，可以借助他们的榜样作用来教育和引导吃饭不好的小朋友，如：“某某小朋友碗里的饭菜都没有剩下，现在已经在喝汤了，大家要向他（她）学习，做个健康的好宝宝。”

4. 循序渐进法。比如幼儿不吃绿色蔬菜，可以开始给他少盛点，吃完给予及时的鼓励，以后再慢慢加量，让他逐渐适应。

5. 家园同步。家长应以身作则，尤其不在幼儿面前讲这不好吃、那不好吃，否则幼儿就会先入为主，不爱吃这些食物。另外，对幼儿的挑食不加以制止，也会助长幼儿偏食的坏毛病，家长应注意关注幼儿园的食谱，配合幼儿园平衡膳食，幼儿不喜欢的食物，应变换烹调的方式，以符合幼儿的口味，使幼儿由不爱吃慢慢过渡到爱吃。

（三）保育小达人

1. 音乐伴随进餐法。进餐时可以放一些优美的古典音乐，这样能创造一种让人感到特别舒适的环境，使人心情愉悦。进餐时放音乐，应像幼儿午睡时放音乐一样，声音要轻，音乐只作为背景出现，声音太大会分散幼儿的注意，反而影响进餐。在轻音乐的伴奏下进餐，可以使幼儿增强食欲。

2. 学习使用筷子的秘诀。教师可用猜谜语的方式引出筷子，如：“一样东西真有趣，一头粗来一头细，手指兄弟来帮忙。先打开，再合拢，反反复复夹起来，饭菜吃完味更香。”然后正确示范并讲解使用筷子的正确方法，将筷子放在右手的大拇指和其余四指中间，食指、拇指夹住外侧筷子，中指、无名指夹住内侧筷子，同时在生活区增设“喂喂小动物”的活动材料，投放筷子及废旧材料制作的青菜、骨头等，引导幼儿在用筷子夹物的活动中不知不觉地学会使用筷子。此外，还需交代使用筷子时的一些安全事项，如拿筷子吃饭时不能转来转去、跑上跑下，盛饭时要把筷子放在桌上，不要拿在手上等。

餐后整理

（一）保育工作要点及实操方法

要点一：提示幼儿餐后收拾餐桌，收好餐具

教幼儿把餐桌上的饭菜残渣收拾到碗里，把碗盘里的残羹集中倒入汤桶中，餐具分类放好。

要点二：提醒幼儿餐后漱口、擦嘴

教幼儿用自己的水杯接温开水半杯，漱口后，对准水池吐出水，最少漱口两次。正确使用餐巾擦嘴，双手拿餐巾，从嘴角两边向中间擦，对折餐巾后再擦一次，然后把餐巾放到指定位置。

要点三：餐后清理打扫

待幼儿进餐结束后及时收回碗筷，整齐摆放于餐车内的餐具框中，擦拭干净餐桌油污，清扫地面饭粒菜渣，用湿拖把拖干净地面，清洗餐巾并进行高温消毒。

要点四：餐后组织幼儿活动

饭后，胃肠里充满食物，由于重力的影响，运动时振动大，会把胃、肠系膜拉紧，甚至会扭转，产生疼痛，严重的会发生肠套叠。所以，教师应注意幼儿进餐后的卫生护理，不做剧烈运动，应选择安静的游戏，如看图书讲故事、念儿歌、玩翻绳游戏、玩纸牌游戏等，并组织幼儿到园内环境幽雅的地方散步。

（二）问题小贴士

案例描述

瑶瑶会自己吃饭了

瑶瑶是个聪明漂亮的小姑娘，活泼开朗爱说爱笑，班上的毛老师和小伙伴们都喜欢她，可就是有一件事令老师头疼：不肯自己吃饭。每当吃饭的时候，瑶瑶就对着老师说："毛老师，你喂我！"刚开始考虑到小班幼儿能力较弱，老师们都会轮流喂一下，慢慢地鼓励孩子们自己吃。现在两三个月过去了，班上的孩子个个都会尝试着自己吃饭，可瑶瑶还不肯自己吃饭。要么等老师喂，要么一口也不吃。毛老师把小勺放到她手上，她连忙丢回去，还直嚷嚷：

“毛老师，我不会，我不会嘛！”

经过与瑶瑶的爸爸妈妈交流发现，原来瑶瑶从出生到现在，一直都是奶奶喂饭，连勺子都不会拿，更别提自己吃饭了，每次爸爸妈妈把勺子塞到瑶瑶手上，想让瑶瑶自己吃饭，奶奶总是一把抢过去：“她这么小，哪里会自己吃饭嘛！”久而久之，瑶瑶连小勺都不会拿，还学会了这句话：“我还小，我不会嘛！”

针对瑶瑶的这种情况，老师准备了两把漂亮的小勺，一把放在瑶瑶最喜欢的娃娃家里，一把给瑶瑶中午吃饭用。娃娃家里，瑶瑶对漂亮的小勺爱不释手，毛老师因势利导：“瑶瑶，喜欢这把小勺吗？我们来给娃娃喂饭吧！”毛老师手把手地教瑶瑶握小勺的方法，不断地鼓励瑶瑶：“瑶瑶长大了，会给娃娃喂饭啦！”“看，娃娃吃了这么多的豆豆，身体变得棒棒的，谢谢你哟！”吃饭的时候，毛老师拿出了另外一把漂亮小勺：“瞧，毛老师这儿还有一把小勺，这把就送给瑶瑶吧！”瑶瑶欣然接受了。

虽然现在瑶瑶吃饭时还会撒饭撒菜在桌上和地下，但老师从不责怪她，瑶瑶从拒绝到慢慢地学习拿小勺自己吃饭，老师家长都为她高兴！

问题再现 如何教小班幼儿正确使用小勺并养成自己吃饭的好习惯？

应对策略

1. 正确示范，及时引导。幼儿入托前，大多是由成人喂着吃，因此大多数幼儿不会用勺子独立进餐，经常撒饭、撒汤、手抓饭等，这时教师首先要有耐心不能责怪幼儿，给幼儿心理造成压力，同时要教给幼儿进餐方法，身体坐正，一手拿勺子（同时示范、讲解正确的持勺方法），一手扶碗，眼睛看着碗，低头吃。

2. 游戏渗透，反复练习。在娃娃家或生活区中投放勺子及各种小鱼、肉骨头、小塑料球等玩具材料，让幼儿来喂小动物、小宝宝吃饭。在游戏的氛围中，幼儿扮演角色反复练习，享受着模仿成人劳动的快乐，从而逐渐掌握拿小勺的正确方法。

3. 鼓励表扬，树立信心。当幼儿有点滴进步时，教师一定要多鼓励表扬。这时抓住孩子爱表扬、好表现的心理，给予孩子言语上、物质上和行动上的奖励，不但会让他的好习惯养成，还会让他更自信。

4. 家园配合，形成合力。好的习惯要持之以恒，家长应坚持让孩子自己吃饭，不能因为怕孩子吃不饱或者吃得乱七八糟，就剥夺他们动手的机会。如果大人总是过分主动，孩子自然就会相应被动，久而久之，不仅在吃饭这件事上总处于被动状态，甚至连性格和其他行为习惯都会变得被动起来，缺乏自信，自理能力差，依赖性越来越强。

（三）保育小达人

1. 儿歌伴随法。教师边念儿歌边教幼儿擦嘴、漱口的好方法，如擦嘴："小小纸巾双手托，对准嘴巴轻轻合，变成一块方手绢，擦擦折，擦擦折，照照镜子看一看，擦净嘴巴笑呵呵。"漱口："饭后接杯清清水，送到嘴里咕噜噜，吐出饭菜小渣渣，再把小嘴擦干净。""手拿花花杯，喝口清清水，抬起头、闭上嘴，咕噜咕噜吐出水"。

2. 正面激励法。教师采用正面强化的方法，表扬鼓励桌面整洁、餐后整理的幼儿。此外，教师要做幼儿的榜样，当发现幼儿桌面不卫生时，主动帮助幼儿把掉落的残渣捡到餐盘里，教师的行为会在无声中提醒幼儿，用餐时要注意保持桌面卫生，起到潜移默化的效果。

3. 巧用洗洁精清洗桌面。餐后的桌子比较油腻，这时可滴入少许洗洁精在清水中擦拭一遍，再用清水擦拭一遍，地面一定要先扫再拖。

当幼儿全部用餐完毕，散步回来就要组织午睡了，3~6 岁幼儿每天应保证昼夜睡眠时间 11~13 小时，其中午睡 2~3 个小时。午睡对恢复机体的活动能力及保证幼儿健康有重大意义。

六、睡眠环节的保育

睡眠环节包括午睡和夜间睡眠（寄宿制），午睡是幼儿园生活的重要环节，它可以帮助幼儿消除一上午幼儿园生活所带来的疲劳，让幼儿的大脑及身体各部位得到充分的休息，又可以让幼儿养精蓄锐，为下午的幼儿园生活及学习积蓄力量。午睡环节对幼儿良好睡眠习惯的养成及身体发育有重要的影响。睡眠环节中的保育工作主要体现在睡前准备、组织睡眠和起床整理三个内容中，旨在更快地帮助幼儿养成良好的睡眠习惯，促进其身心健康的发展。

睡前准备

（一）保育工作要点及实操方法

要点一：合理安排幼儿睡眠的床位

体弱的幼儿应安排在背风处，体质较好、怕热的幼儿可安排在通风处（但不能吹过堂风），易尿床和活泼好动爱说话的幼儿睡在教师方便照顾的地方，咳嗽的幼儿应与其他幼儿有一定的距离。

要点二：创设良好睡眠环境

根据不同季节变化要提醒家长及时更换被子，为幼儿准备好床上用品。盖被不要过厚，要松软，没有压迫感，垫被厚实，让幼儿感到舒适；枕头不宜过高或过低，长度一般与肩宽相同，高约一寸，否则会影响血液循环，不利于健康。

每天午睡前教师应把幼儿的被子平整地铺好，窗帘拉上，灯关闭。幼儿入睡后，若在春秋季节，身体感觉较舒适的天气里，应打开所有的窗，避免空气猛烈对流，或者风对着幼儿直吹；大风天或冬天应只开南面的窗，遇到特别寒冷的天开一扇南窗，或间隔一段时间开一会窗。若遇特别天气需开空调的，也最好开着一扇窗，拉上窗帘，并应提前开到适宜的温度，夏天 26℃，冬天 20℃。为幼儿创设好宁静、舒适、安全、卫生、通风、弱光、温馨的睡眠环境。

要点三：有序组织幼儿如厕

在午睡前 10 分钟，做好及时提醒幼儿大小便的工作，排空膀胱内的尿，排除生理对午睡的干扰。对个别不想或不愿意的幼儿，做好细心观察，及时督促。

要点四：排查并保管小物件

入寝前教师应提示幼儿主动将小物件如纸团、纽扣、石子、果核、硬币、发夹等交由老师暂为保管，避免午睡时玩耍发生意外。

要点五：组织幼儿进入寝室保持安静

要求幼儿轻轻地进入寝室，自己安静地上床，对个别情绪易激动者，采用亲切柔和的言行态度，使幼儿感觉到温柔的呵护，转移其注意力，使他自然地安静下来，保持一种安静的氛围。

（二）问题小贴士

案例描述

小贴纸引起的风波

午睡了，小一班的寝室里非常安静，老师正给孩子们整理衣裤，突然传来一声“哇哇”大哭声，陈老师赶紧跑过去一看，见乐乐一脸通红大哭，陈老师连忙问：“乐乐，怎么了？”乐乐边抠鼻子边说：“陈老师，我鼻子里有东西。”老师立刻把乐乐的手拿开，一把把她抱起坐在大腿上，先安抚乐乐情绪：“乐乐不哭，老师帮你把它拿出来。”然后再问：“乐乐，你告诉老师是哪个鼻子里有东西？”乐乐指着左边的鼻孔，陈老师扳着乐乐的脑袋对着光线一看，果然乐乐的左鼻孔里有一个亮亮的东西。情况紧急，陈老师连忙跟隔壁值班老师打好招呼，请她帮助照看寝室。然后快速帮乐乐穿好衣服，抱着乐乐一路小跑来到保健室，向保健医生说明情况。保健医生按住乐乐的右鼻，教乐乐使劲擤鼻涕，不一会儿“噗”地一声，一团鼻涕喷了出来。陈老师连忙用手接住，只见一片小小的亮晶晶的贴纸挂在上面。陈老师连忙问乐乐：“乐乐，你看是不是这个贴纸呀？”乐乐点点头，破涕为笑。

问题再现 午睡时，总有一些幼儿趁教师不注意把一些小纸团、小珠子、小果核放到耳鼻口里玩耍，教师应该如何杜绝这类事件的发生？发生这种情况我们应该怎么办？

应对策略

1. 入寝室前的排查异物工作要务实。幼儿进入寝室前教师应提醒幼儿不要把小物件如纽扣、石子、果核、硬币、发夹等带到床上，要交由教师保管，以免幼儿在床上玩这些小物件时，不小心塞进鼻子、耳朵、嘴巴等器官造成身体伤害。

2. 教师逐一检查床上或幼儿手上是否有异物。上床前逐一检查幼儿是否因为“好奇好玩”携带了纽扣、石子、果核、硬币、发夹等小物件，如有这种情况，教师应耐心说服。确实有不少幼儿喜欢收集像石子、纽扣、螺丝、珠子等小物件，这说明他对周围世界充满了好奇，是探究环境的开始。应该说这是好事，教师不要操之过急，应向幼儿耐心仔细地说明睡觉时玩这些小东西的危险性，安慰他如不放心可以暂时交给老师保管，“等你睡醒，起床后，老师马上还给你”。

3. 睡眠中的巡回观察应及时。所有孩子入睡后，教师应巡回观察，及时发现幼儿床上是否还有小物件，或是躲在被窝里玩耍小物件的行为，如有应及时处理。

做到以上几点，基本可避免发生因异物而引发的意外事故。这也说明教师要做有心人，每个环节的检查工作都需很务实，而不是流于形式；万一发生了这种事件，教师千万不能慌张，要沉着冷静地按以下要求及时进行处理：

（1）及时上报并送至保健室。如果教师发现孩子有异物入五官的事件，必须及时打电话上报卫生保健人员和值班领导，并及时采取措施，如请隔壁班级教师暂时看管幼儿，教师送患儿去保健室或医院等。

（2）及时应对措施很重要。教师要掌握一些幼儿急症的处理方法，如：异物入耳鼻喉、高热惊厥、鼻出血等，在突发事件发生时根据当时情况进行判断急救处理，减少对幼儿的伤害。

（三）保育小达人

1. 利用儿歌的形式帮助幼儿学习掌握生活技能。如学习钻被筒：“我是一支小铅笔，身体直又细，棉被当成小笔筒，睡觉钻进去。”这首儿歌可以帮助幼儿快速脱完衣服进入被窝，还能引导幼儿养成良好的睡姿和盖被的习惯。利用儿歌“关好门，抱抱肩、低低头、弯弯腰”，帮助幼儿掌握叠衣服的方法，这样既能够培养幼儿的自理能力，又能给活动增添一份乐趣。

2. 指导帮助幼儿有顺序地脱叠衣服。先脱外裤、外衣，叠放在最下层，再脱毛裤、毛衣等放在上层，待幼儿基本睡着后，老师检查幼儿衣物有序整齐摆放。这样方便幼儿起床时迅速有序地穿好衣服。

组织睡眠

（一）保育工作要点及实操方法

要点一：指导幼儿有序脱放衣物

睡眠前，教师应根据不同年龄幼儿的特点，指导并帮助幼儿有序地脱衣裤鞋袜，提醒放在指定的位置，形成班级良好常规。小班幼儿可以运用儿歌游戏法指导幼儿学习正确脱放衣物；升入中班，应在小班的基础上偏重指导幼儿学会协作和互相帮忙、互相提醒；大班幼儿的自理能力增强，可以请值日生协助指导。教师指导幼儿适时进行整理，如将鞋袜放在床下，将外衣、外裤叠整齐放在指定的位置，把外衣放在外裤上面便于起床时穿着。

要点二：帮助幼儿养成良好的睡眠习惯

教幼儿养成正确睡眠姿势，正确的睡眠姿势一般为：身体朝向右侧卧睡，双腿弯曲，这种姿势能使身体的所有肌肉都得到最大程度的放松。要求幼儿养成用鼻子呼吸的习惯，鼻呼吸可净化空气、湿润空气、温暖空气，减少空气对幼儿气管和肺的刺激。提醒幼儿不蒙头睡、不趴着睡、不讲话、不玩物品，培养幼儿自然入睡的好习惯。教师应用轻柔的语气对全体幼儿提出睡眠的要求，比如“静静地躺着”、“把被子盖好”等。对一些难入睡的幼儿应轻轻抚摸他的身体，或者坐在他的床边看着他入睡。

要点三：全面关注幼儿的睡眠情况

为了保证幼儿午睡的效果，提高午睡的效率，在幼儿入睡后，教师应随时巡视观察，全面关注幼儿的状况。为蹬被子幼儿盖被或减被，提醒并照顾常尿床幼儿起床如厕；对睡姿不稳的幼儿，注意其是否排便；对起床小便的幼儿要注意其上下床及如厕的安全，避免着凉。了解每个幼儿的睡眠情况，发现睡眠时有尿床、吸吮、睡眠不安、咬手指甲、玩弄生殖器等问题行为的孩子，一定要与家长取得联系，分析造成问题的原因，与家长配合一起来纠正，切不可采取简单、粗暴的手段强行制止。

要点四：教师应规范自身言行

巡视幼儿睡眠时教师应注意力集中，动作轻柔，轻声说话，不离岗、不做私活、不会客、不吃零食、不睡觉，为幼儿提供安全、安静、舒适的睡眠环境，尽量不影响、干扰孩子睡眠。

要点五：及时处理异常情况

发现如发热、抽筋、异物入耳鼻喉等异常情况，要第一时间上报卫生保健人员和值班领导，并及时处理。

（二）问题小贴士

案例描述

园园尿床了

园园这几天经常尿床，爸爸妈妈很着急，总是责怪园园："怎么回事，这么大了还尿床！"

午睡时，忽然听到一阵低低的呜咽声，老师循着声音走了过去，只见园园躲在被子里伤心地抽泣着，张老师轻轻地走过去蹲在她床前问："园园，怎么了？"她嘟着小嘴难过地告诉老师："张老师，我又尿床了！"张老师马上说："没关系，张老师帮你换裤子。""可爸爸妈妈又会骂我。""不会骂你的，张老师会跟爸爸妈妈好好说，告诉你一个秘密，老师小时候也尿过床，你爸爸妈妈小时候也一定尿过床，你可以回家问问。"听张老师这么一说，园园笑了，从被子里伸出了小脑袋："真的吗？老师！"

根据园园的具体情况，张老师制订了帮助园园的计划：在午睡前，关注饮水量，避免过多喝水、喝汤，并提醒她去小便；睡着后在 1 点左右再提醒园园去小便；偶尔园园尿床了，不刻意强调，顺其自然帮她换内裤、晾被子，并和园园的爸爸妈妈达成一致，淡化尿床的事情。经过一段时间的坚持，园园尿床的毛病基本得到了改善。

问题再现 在组织睡眠期间，经常会发生个别幼儿尿床的现象，这时应该怎样处理？家园如何配合纠正孩子尿床的习惯呢？

应对策略

1. 消除幼儿的紧张情绪。教师和家长都不应该把尿床看作是一件很大的事情，更不应该把尿床的事放大化。如果家长责骂、教师紧张，孩子会更紧张，这会影响到孩子的心理，使其不健康，更严重的会有心理障碍。

2. 了解原因，对症下药。当发现个别幼儿尿床，应了解原因，然后有针对性地采取措施，纠正孩子的尿床习惯。如在午睡前，关注饮水量，避免过多喝水、喝汤，并提醒幼儿小便，中途再次提醒幼儿起床小便。

3. 争取家长的支持和配合。多数幼儿尿床并不是疾病，而是一种机能性的问题，父母没有给幼儿做好排尿训练，或者长期使用一次性尿布，从而导致幼儿对排尿不敏感。因此要引导家长在家对幼儿进行排尿训练，与幼儿园保持一致，共同配合纠正幼儿的尿床习惯。

（三）保育小达人

1. 及时了解幼儿身体状况。在午睡时，当得知幼儿“肚子好撑，睡不着”时，要及时请孩子下床安静地玩玩具、看书，推迟孩子午睡时间或暂时不让孩子午睡，因为孩子吃撑了，还没消化就直接入睡，极容易导致小孩子因食物倒流，堵塞气管致死。如果本身有化脓性扁桃体炎等疾病，就更容易引起咽喉的堵塞。

2. 陪伴幼儿入睡。对于不能独立入睡的幼儿，教师可坐在幼儿的床边，轻轻拍幼儿，使其情绪轻松，逐渐对新环境产生安全感。当幼儿慢慢适应新环境后，应逐渐减少陪伴次数，直至幼儿能够独立入睡。

3. 一看二听三摸。通过“一看二听三摸”的方式及时了解幼儿睡眠中的身体状况，看看幼儿的脸色、行为举止有无异常，听听幼儿的呼吸是否顺畅，摸摸幼儿脑袋和身体的温度有无升高。

起床整理

（一）保育工作要点及实操方法

要点一：有秩序地组织幼儿起床

起床前先关好窗户，以免幼儿着凉，全面观察幼儿的精神状态。指导帮助幼儿学习穿衣裤鞋袜，教幼儿先坐在被窝里穿上衣，再钻出被窝穿裤子和鞋袜。

要点二：检查幼儿衣裤、床铺情况

检查幼儿衣服、裤子、鞋袜是否穿得正确，避免穿反鞋、穿错衣裤、不穿袜子的情况，并给予及时的调整与帮助。还要检查幼儿衣裤和床是否有尿湿的情况，如果有发现要及时换洗和晾晒。

要点三：及时做好交接班工作

向接班教师详细说明班级幼儿人数以及需要特别关注幼儿的情况，如：生病、情绪、睡眠、精神状况等。

要点四：认真整理床铺，清理寝室卫生

幼儿起床后，被子要完全打开通风，等幼儿穿好衣服后再叠被子。帮助中班以下的幼儿叠被子，鼓励中班及中班以上的幼儿学会自己叠被子，并逐步学会整理床铺。

整理床铺时要先清扫床铺，注意检查床上、被褥下是否有异物，被里、被头是否开线。床单要铺得平整，被子叠的大小与床的宽窄一样，枕头平放在被子上，枕巾正面向上，方向一致。切忌把枕头放在被子下，因为幼儿在睡觉时易汗湿枕头、枕巾，所以要注意保持枕头、枕巾的通风。

清理寝室卫生。打开窗户，拉开窗帘整齐放置，保持空气流通。用扫把先清扫一遍、再用湿拖把拖干净寝室地面，保持寝室卫生。

（二）问题小贴士

案例描述

赖床的多多

中午2：30起床时间到了，罗老师轻轻地提醒着孩子们：“孩子们，起床了！”，这时有部分幼儿已经醒来，听到罗老师的呼唤一骨碌就爬了起来，另一部分幼儿还未完全清醒，罗老师会走到他们身边轻轻地唤醒他们。多多小朋友是个“老大难”，无论你怎么叫怎么拍，他都不肯起床，经常是睡着了叫不醒，有时好不容易叫醒却哭闹着不肯起床，班上的孩子都吃完午点了，他还没起来呢！

经过一番与多多奶奶的沟通，罗老师才知道原来多多在家每天睡觉时间都很晚，爸爸妈妈虽然早早地就赶着多多上床了，可爸爸还在电脑上玩游戏，妈妈虽然也会给多多讲讲睡前故事，可也时不时的会经常看手机。所以每次多多都要挨到爸爸妈妈一起睡觉了才会睡着，早上因为上幼儿园又起不来，家里经常闹得鸡飞狗跳的。

针对这样的情况，一方面罗老师与多多的爸爸妈妈分析原因陈述利弊，希望他们做到规范睡觉时间，全家人帮助孩子营造睡前的氛围。其实他们已经意识到了这个问题，就是有时控制不住自己想放松一下，经过和他们的交谈最终取得了他们的配合。另一方面，罗老师抓住多多爱听故事的特点，起床时放一个他爱听的故事吸引他，让多多在轻松愉悦的气氛中醒来。

问题再现 对待像多多这样中午赖床的幼儿，教师应该怎么办？家长应如何配合幼儿园培养起床好习惯呢？

应对策略

1. 创设良好的睡眠环境。教师为幼儿创设良好的睡眠环境，稳定幼儿情绪，让幼儿轻松自然地早早入睡。寝室的布置应给幼儿一种温馨宁静的感觉，易于稳定孩子情绪；为寝室配置合适的窗帘，以保证寝室的光线适宜；保证寝室内有新鲜空气，能安抚神经让幼儿有更恬静和美好的睡眠；对待个别难以入睡的幼儿还要采取爱抚的手段鼓励其尽快入睡。

2. 让幼儿在轻松的氛围中起床。叫幼儿起床的时候，播放一些轻松的音乐，让幼儿在音乐中慢慢苏醒，或者放一些幼儿喜欢听的故事，让幼儿在轻松的气氛中醒来，缓解被吵醒的不快。

3. 游戏法激励幼儿起床。利用游戏的方法，如“比一比，看谁穿得快”和“大家来排队”，起床快的幼儿当火车头等调动幼儿起床的积极性。

4. 家园配合养成起床好习惯。取得家长配合，保证幼儿充足睡眠，养成早睡早起的好习惯。有些幼儿喜欢睡懒觉，跟家长有很大的关系，因为家长本身就喜欢熬夜，早已养成晚睡晚起的作息习惯，孩子自然也跟着不愿意早睡。家长必须以身作则，给孩子做好榜样，才能让孩子心甘情愿地早睡早起。

（三）保育小达人

1. 借助美妙音乐，提醒幼儿起床。当悦耳动听的音乐响起时，不急着催幼儿起床，有些幼儿睡得比较沉，可以让他们先清醒一下，再迅速穿好衣服。

2. 借助儿歌教幼儿学习穿衣服、裤子，可达到事半功倍的效果。如穿套头衫时：“一件衣服四个洞，宝宝钻进大洞洞，脑袋钻出中洞洞，小手伸出小洞洞。”而穿开衫时：“大门向外抓领子，轻轻向后盖肩膀。一左一右伸袖子，咔嚓咔嚓系扣子。”穿裤子时：“左边一列火车钻山洞，右边一列火车钻山洞。呜——两列火车顺利过山洞，裤子穿好了！”这些儿歌朗朗上口，便于记忆，尤其是在念儿歌中能逐渐掌握穿衣裤的要领，很快就能学会自己独自穿衣裤。

3. 熟知本班幼儿的床上用品。可要求家长在床单、被套、枕套等床上用品上绣上幼儿姓名，平时多检查整理，全托制幼儿园每半个月换洗一次，日托制幼儿园每一个月换洗一次。

七、离园环节的保育

离园环节是幼儿园一日活动中的重要组成部分，是教师们不可忽视的教育环节。做好离园环节工作不仅关系到幼儿的情绪，同时还影响到第二天的工作开展。离园环节中的保育工作主要体现在整理工作、卫生工作和安全工作三部分中。

整理工作

（一）保育工作要点及实操方法

要点一：幼儿衣物整理

离园前的衣物整理不可忽视，特别是小班幼儿。离园前检查幼儿衣服是否整洁，小班幼儿是否有尿湿裤子、鞋子衣物穿反、冬天内衣没有塞进裤子等现象。

要点二：环境整理

离园环节是培养幼儿养成自我服务好习惯的教育契机。指导幼儿回家前将自己的生活用品、学习用品、玩具、游戏材料、椅子等收放整齐并归位。

（二）问题小贴士

案例描述

怒气冲冲的丁丁奶奶

小六班的教室外面，家长们陆续来接孩子回家了。丁丁奶奶把丁丁接出教室后又回来，气冲冲地对刘老师说："你们看看，丁丁的裤子都尿湿了，你们老师都没看到吗？你们都干什么去了？孩子生病了谁负责？"听了丁丁奶奶说的话，刘老师当时愣了一下，不知道如何回答，又忙着收接送卡，只是说了一句："丁丁，你拉尿在身上了怎么都不告诉老师呀？"听了刘老师说的话，丁丁奶奶拉着丁丁气冲冲地走了。丁丁奶奶走了之后，刘老师也很难受，孩子拉尿在身上又没告诉刘老师，难道还是刘老师的错？

事情发生的第二天，园长找到刘老师，把事情的过程了解了之后，语重心长地对刘老师说："幼儿在园的保育工作就是要做到细心、耐心，经常换位思考才能把家长工作做好。你们新入职的年轻老师更要加强学习，多向有经验的老师请教，把工作做得更细，才能让家长放心地把孩子交给我们。”

下午，丁丁奶奶来接丁丁，刘老师首先跟丁丁奶奶表示道歉，由于刘老师工作疏忽没有及时发现丁丁尿湿了裤子，同时也希望丁丁奶奶和老师配合教育，让孩子知道有事情要告知老师，老师会帮助他。听了刘老师说的话，奶奶的态度柔和许多，一再表示昨天自己说话语气不好，愿意配合老师教育好丁丁，帮助孩子学会大胆表达。

问题再现 离园衣物整理工作怎样做才能更加有效？如何与家长沟通才能达到更好的效果？

应对策略

为了做到让家长们放心，离园前的衣物整理工作不可忽视。小班幼儿年龄小，生活自理能力差，要求教师在孩子每次如厕后帮助孩子们把裤子整理好。特别是天气寒冷的季节，帮助幼儿把内衣放入裤子中，以免幼儿的肚子露出来受凉。下午离园前提前15分钟让孩子分组如厕后逐一进行衣物整理，做到“摸一摸”看裤子是否有尿湿的现象；“塞一塞”帮助幼儿把内衣塞进裤子里，保证每个幼儿都顾及到。中大班幼儿自理能力逐步提高，慢慢学会自己整理，教师在旁边指导，个别能力弱的幼儿教师要及时给予协助。

对于幼儿园教师来说，保育工作离不开家长的积极配合，所以如何做好与家长沟通非常重要。首先要换位思考，积极地与家长进行沟通交流。要懂得控制自己的情绪，可以先给家长说出孩子的一些优点，再说孩子的不足之处或需要改正，以及需要家长配合的地方，这样便于家长接受。其次，辅导家长运用科学的育儿方法开展教育行为。许多家长在教育孩子特别是保育内容方面会有手足无措、无从下手的时候，而老师是有一定育儿知识的专业人员，遇到问题就有责任通过各种方式启发、引导家长，让家长了解孩子身心发展的特点，掌握适合的教育理念和育儿方法，让孩子们能够健康、快乐地在幼儿园生活和学习。

（三）保育小达人

“一看、二摸、三发现”是离园环节教师帮助幼儿快速整理的最佳技巧。

一看。看孩子头发是否凌乱，鞋子是否穿反等。

二摸。摸一摸孩子是否有尿湿裤子现象，特别是小班幼儿；摸一摸孩子是否把内衣压进了裤子里，小肚皮是否露在了外面，特别是秋冬季节。

三发现。发现个别幼儿情绪上的变化或异样，并进行个别照顾。

卫生工作

（一）保育工作要点及实操方法

要点一：分类清洁、消毒幼儿生活用品

将茶杯、点心盘放入消毒柜中消毒，将勺筷、擦嘴巾、擦手巾进行园里统一的高温蒸汽消毒。

要点二：整理、清洁消毒盥洗室、幼儿活动室

离园前将活动室、寝室以及盥洗室打扫干净，保证无积水脏迹、无卫生死角，幼儿活动室用品摆放整洁。

（二）问题小贴士

案例描述

再也不慌乱了

张老师是今年新入职的保育员，保育工作对于她来说是件繁琐而忙碌的事情。刚开始她认为保育员的工作只不过是每天打扫卫生，照顾好幼儿吃、喝、拉、撒、睡等等。但是说来容易，做起来并不像所说的那么简单。这不，离园时间快到了，家长们快要来接孩子了，可是张老师这边茶杯没洗完，盥洗室脏兮兮，还有孩子拉尿在身上没来得及换干净的衣服……

一旁年长的李老师看见了赶紧过来帮忙，给拉尿在身上的孩子换衣服，帮她拖干净盥洗室地面卫生……等孩子们都接完了，李老师告诉了她一些自己工作的经验和保育工作小窍门，并嘱咐她今后要多学习、多练习，只有这样才能把看似简单的工作做好。

经过一段时间的学习和实践，在有经验的老师手把手帮助下，张老师很快熟悉了保育卫生工作，再也不慌乱了。

问题再现 新入职的保育员该如何做好保育工作呢？

应对策略

1. 加强保育员的集体学习培训，提高保育队伍素质。保育员是保育工作的主体，是幼儿园保教队伍中的一个主力军，保育员的素质直接影响保育工作的质量，对幼儿身心发展也影响很大。因此，加强保育员队伍学习是提高保育员素质的前提。通过专业培训和考核，要求教师持证上岗，让她们对幼儿的生理和心理特点进一步了解，对幼儿教育的规律、卫生保健的知识都有基本的掌握等等。从有组织有计划的系列培训学习中，不断提高保育员的文化和专业水平。

2. 通过自我学习或同伴学习提升保育工作技能。掌握一些清洗小妙招，做到保育工作既能做得快又能做得好，譬如：怎样巡视幼儿的午睡工作，怎样清洗拖把又快又干净，怎样拖地才能更干净，离园前卫生整理工作的顺序安排等等。

3. 开展多种形式岗位技能竞赛活动，提高保育员应知应会能力。例：开展“比比谁是保育小能手”的小组竞赛等活动来对新入职的保育员进行考核比赛锻炼，达到岗位练兵和相互学习的效果。同时保育员也能提高专业知识、技能和经验，做起保育工作就会更加得心应手。

（三）保育小达人

1. 去除地面、墙面顽固污渍的好办法

用温水在盆中冲开适量洗衣粉，用刷子沾上洗衣粉水开始刷洗有脏迹的地面或墙面。地面从里往外刷，墙面从上往下刷，刷的方式为画圆的方式，一点挨着一点刷，缝隙内、边边角角、附着物都要用刷子、扁铲除干净，最后用清洗干净的拖布或抹布反复擦拭，直到干净为止。

2. 擦地板的小妙招

在用拖把擦地板的过程中，即使前面已经清扫过一遍，但是在拖地的过程中还会出现一些毛发、橡皮渣、铅笔屑以及灰尘等细小垃圾，如果再扫一遍地则浪费时间，因此，在拖地过程中可以采用S形路线来回推送拖把擦拭。注意擦地过程中拖把始终不离开地面，在推送到一个小区域时可以将灰尘垃圾抖落在一起，然后继续擦拭，最后将几个垃圾点清扫干净，这样既快又干净。

3. 擦玻璃的小窍门

可将干净抹布用含有少量洗涤灵的溶液清洗干净并拧成半湿状态，然后擦拭整个玻璃面，随后快速用干净报纸反复擦拭玻璃面，注意在擦拭过程中要保证玻璃面有一定水分，随着报纸反复擦拭水分吸干后，玻璃也就明亮了，如果玻璃下半部水分已经蒸发，及时用半湿的抹布擦拭，再用报纸反复擦拭。

安全工作

（一）保育工作要点及实操方法

要点一：对幼儿进行安全教育

教育幼儿注意回家路上的交通安全、不独自离开、不和陌生人走和不乱吃小摊小贩售卖的食物。

要点二：严格执行幼儿接送卡制度

做到一人一卡，遇有陌生人来接，必须进行电话或其他可信方式的相关确认，并做好记录。

要点三：热情接待家长

和家长进行简短的交流，反馈幼儿在园的一些表现，争取家长们在家配合教育，提供合理有效的指导策略。做好个别特殊孩子的交接和沟通交流工作。比如：生病幼儿和当天表现异样的幼儿等。

（二）问题小贴士

案例描述

不愿牵手的亮亮

亮亮小朋友是幼儿园大班的孩子，父母平时上班忙，每天放学回家都是爷爷奶奶来接。有一天，爷爷把亮亮小朋友从班上接出来后，亮亮就一个人直接跑向操场，爷爷在后面怎么也追不上了，急得爷爷到处找人。爷爷好不容易找到了亮亮，可是亮亮吵着："我还要玩一会儿，我还要玩一会儿嘛！"就是不肯回家。

天黑了，亮亮走出幼儿园大门时也不和爷爷牵手走，这可急坏了爷爷，一直跟在亮亮后面叫嚷着："等等爷爷，不要跑！"直到门卫的保安把亮亮拦住，教育了一番，亮亮才和爷爷手牵着手回家了。

问题再现 如何在离园环节对孩子进行安全教育，保证幼儿安全？

应对策略

幼儿离园回家安全教育非常重要，教师们针对这方面的教育也决不能忽视。家园配合教育好，让孩子们开开心心出门，安安全全回家。

首先，在班上开展安全教育活动。通过小故事、动画片、谈话等教育形式，开展班级教育活动和离园前安全教育活动，教育孩子们放学后要和大人牵手走，不能脱离大人的视线范围。出幼儿园大门时必须和大人牵好手才能出去。

其次，和亮亮的父母进行沟通联系，家庭配合教育，给孩子强调相关的安全要点。

最后，教师、家长和门卫保安共同配合教育，出幼儿园大门时必须手牵手，出幼儿园大门时没有牵手的孩子一律不让出去。为幼儿的安全筑起一道严密安全防护墙，保证幼儿安全地离开幼儿园。

（三）保育小达人

沉稳应对陌生人来接幼儿的“三部曲”。

一看。即看清楚陌生人是否拿幼儿接送证来接幼儿，还需仔细看其身份证。

二问。即询问孩子，是否认识这个来接他的人；打电话询问家长进行进一步确认，确认后方可让孩子离园。

三登记。即将本次的情况登记在交接班记录中，同时要登记好陌生人的身份证号及拍照留存。

第三章
教育活动中的保育

《幼儿园工作规程》中指出:“幼儿园的任务就是贯彻国家的教育方针,按照保育与教育相结合的原则,遵循幼儿身心发展特点和规律,实施德、智、体、美等方面全面发展的教育,促进幼儿身心和谐发展”。在幼儿园保育工作实践中,应科学合理地安排幼儿一日生活,让他们有健康体魄的同时拥有良好的情感、情绪,并通过一日生活培养良好的生活、学习习惯,掌握适应社会的能力等。除此之外,在幼儿园教育活动中也仍需注重保教结合,只有提高教师在教育活动中的保育意识,掌握在教育活动中的保育技能,才能真正地做到保教并重,在幼儿园一日生活的各项教育活动中为幼儿创设和谐、舒适的物质环境和精神环境,促进幼儿身体正常发育和各机能的协调发展,促进幼儿的认知、情感等全面发展进步,使每一位幼儿都能健康快乐地成长。我们将教育活动中的保育工作通过学习活动、游戏活动、运动活动及社会实践活动等四大模块活动来体现,从而真正实现教育活动中的保教结合。

一、学习活动中的保育

根据教育组织形式,教师将学习活动主要分为集体学习活动、小组学习活动及个别化学习活动。集体学习活动作为幼儿学习活动中的重要途径,主要是指教师依据一定的教育目标，面向全体幼儿有目的、有计划地组织开展相同学习内容的活动。由于教师在集体学习活动的组织过程中往往也会运用小组和个别化的学习活动方式，因此，本书中学习活动中的保育工作就以集体学习活动为例综合进行阐述。

在集体学习活动中，保教并重对教师而言是一种要求也是一种考验，教师既要清楚了解集体学习活动中的教育目的，更要掌握学习活动中保育的工作内容如安全工作、卫生工作等。两者缺一不可，才能真正地在学习活动中实现保育和教育有机结合。

集体学习活动前、活动过程中和活动结束三个不同环节中的保育工作也是有差异性和其侧重点的。

集体学习活动前的保育

（一）保育工作要点及实操方法

要点一：创设安全、舒适的物质环境

为幼儿学习活动室提供的物质条件及设施设备要符合幼儿生理特点，让其感觉舒适、温馨。桌椅、橱柜等设施设备的尺寸和造型应符合幼儿的身高、年龄特点；空间规划设计要充分考虑幼儿活动时的通畅性、有序性；活动室的隔音、班级间的动静配合要顾及幼儿的听觉健康；活动室的布置、色彩搭配等要有舒适、温馨的感觉，能让幼儿感受到家的温暖，对稳定情绪也有一定的作用。

要点二：学习活动场地布置科学合理

教师在组织学习活动之前，需根据以下几大要素来科学合理安排、布局幼儿学习活动空间、活动场地的划分，以及幼儿座位的安排。

1. 班级幼儿人数。教师应根据班级幼儿人数进行合理安排活动空间。如美术活动中根据参与学习活动的幼儿人数进行桌面人数的调整分配，保证每一位幼儿都有足够的空间进行绘画、手工等活动。

2. 学习内容及活动特点。教师应根据不同的学习内容及活动特点进行场地安排和划分。如语言、音乐活动中，幼儿座位安排可调整为半圆形、马蹄形等，为语言、音乐活动提供宽敞的活动场地，保证幼儿有充分的活动空间进行肢体表演，不发生碰撞；科学活动应为幼儿提供可进行感知、观察、自由探索、操作的空间场地。

3. 幼儿个体特点。教师应根据不同幼儿的个体特点合理安排座位。幼儿存在个体差异，应考虑个别听力差、视力差、注意力不集中、不愿主动交流等幼儿的实际情况来调整座位，进行合理安排，便于教师近距离地观察和针对性地指导。

要点三：提供安全、卫生的玩教具或操作材料

1. 自制的玩教具：为了让教学更加生动充满趣味性，教师经常会根据教学内容的需要自制相适宜的玩教具。平日教师自制的玩教具，收集的制作材料大多来自未知的领域，容易滋生很多细菌。在制作使用前，教师要进行清洁并浸泡消毒，不宜清洗的材料应进行阳光曝晒六小时以上或用其他科学的方式消毒。教师还应经常检查玩教具使用情况，发现破损及时进行调整、修补。

2. 购买的玩教具：在考虑这些玩教具实用性、耐用性的同时，更应该注意安全性和卫生性。购买的玩教具都要符合国家相关标准的合格产品，如：橡皮泥、油画棒、水彩笔等，无毒、无污染；同时还应考虑玩教具有尖锐的边角可能造成对幼儿的伤害；剪刀应购买儿童剪（最好是圆头）；是否容易滋生细菌，不易清洗消毒等问题。

要点四：做好活动前室内或场地的安全、卫生工作

1. 安全检查工作。活动前教师应检查活动场地是否存在安全隐患，如地面平整无水渍、桌椅没有损坏、活动的四周不能有尖锐的边角，防止幼儿在学习活动中摔伤、碰伤等。

2. 清洁卫生和防寒保暖工作。保育工作人员应提前清扫地面，擦拭灰尘，保持室内的干净整洁、无尘，空气的流通、清新，温度的适宜。并根据活动室的照明情况灵活地进行光线的调节，如光线太暗时需打开灯照明；光线太强时，应适当拉上窗帘，照明度始终保持在适宜的范围内，让幼儿在安全、宽敞、明亮、卫生的环境中开展学习活动。极热或极冷天气时启用空调，应做到 2 小时通风一次，注意室内外温差不宜过大，做好防寒保暖、防暑降温工作。冬季室温控制在 15℃ ~18℃，夏季室温不低于 27℃ ~28℃。

（二）问题小贴士

案例描述

活动材料准备引发的争论

今天，教师办公室炸开了锅，正在进行集体备课的老师们因学习材料的提供问题引发了讨论。原来是下周要开展的美术活动需要家长们提供各种瓶瓶罐罐，作为孩子们的操作材料。有的老师说“每次让家长提供一些材料，都不高兴”，有的老师说“家长带来的材料很多都是垃圾，总是不符合教学的要求”，有的老师说“家长带来的瓶子，里面都有残留的液体，很脏，不卫生……”，“可如果教学材料资源不寻找家长的配合和帮助，操作材料就无法满足每个孩子活动的需要，教学又怎么能完成呢？”年级组长的一句话让大家陷入了沉默。

问题再现 如何让家长理解并能积极主动协助教师收集既安全又卫生的活动材料呢？

应对策略

1. 获得家长的信任。在日常工作中，教师要做好与家长的沟通与交流工作。只有获得家长的信任和尊重，才能在工作中得到家长的支持与配合，教师也应对家长好的做法及时表扬肯定和予以宣传。

2. 宣传协助教师收集材料的意义。教师应通过家教宣传栏、网络、家长会等形式让家长知道操作材料的提供对促进幼儿发展的作用，并使家长了解材料安全、卫生对幼儿健康的影响和重要性。

3. 明确对操作材料安全、卫生的要求。教师尽可能地让家长提供比较容易准备的材料。教师可以通过图片或展示实物样品的形式让家长对学习材料的样式、规格及要求有更直观的了解。

4. 及时整理收集来的学习操作材料。教师要及时整理家长提供的学习操作材料，并做好进一步的卫生消毒工作，保障材料的安全、卫生性。

（三）保育小达人

1. 实用、丰富的收纳用品

教师可收集一些饼干、糖果的外包装盒、罐、瓶用来收纳学习活动中幼儿共同使用的操作材料，供学习活动中摆放幼儿共用的操作材料。如科学活动中的操作材料；美术活动中的剪刀、色纸、胶棒等。选择材质经久耐用的，色彩精美的，成为孩子们桌上收纳用的物品。

2. 创设材料收集角或“百宝箱”

教师可利用班级教室的一个角落或是走廊上的一个角落，创设收集角或“百宝箱”，并在上面做好标记，注明收集材料的内容及要求，引导家长、孩子在平时养成收集的习惯，能有意识地整理、收集一些废旧材料交到班上。

集体学习活动中的保育

（一）保育工作要点及实操方法

要点一：关注并尊重每一位幼儿，重视幼儿的心理健康

每次学习活动中的学习氛围取决于幼儿、教师相互之间的互动，这种氛围将形成潜在的心理暗示，影响幼儿的情绪、生活态度与价值观。

首先，教师应创设适宜的社会性环境，为每一位幼儿创设欣赏的、鼓励的、接纳的心理环境，帮助幼儿建立愉悦的情绪，让他们在表扬和鼓励中获得更多的自信；其次，教师要了解幼儿的需要，尊重、信任幼儿，并与之建立平等、和谐、互动的师幼关系；第三，教师还应学会控制自己的情绪，用亲切和蔼的态度去关注、引导每一位幼儿并及时调整自己的教学方法，给幼儿带来积极的影响；第四，在学习活动中教师还应帮助幼儿掌握正确处理与同伴相处的人际关系，促进幼儿社会性交往能力的发展。

要点二：关注学习活动中的安全

1. 教师应对活动中的操作材料及组织过程中有可能存在的危险有提前预知的能力。在学习活动的组织环节中通过适宜的教育策略有效引导，有序组织幼儿开展活动，提出相应的安全规则要求，引导幼儿通过规则控制自己的行为，规避风险。

2. 加强幼儿的安全教育，提高幼儿的自我保护意识。如音乐活动中的表演，能与其他幼儿保持一定的安全距离开展活动，避免发生肢体的碰撞；科学活动中，强调实验操作过程中的安全，知道不能将物品如豆类放入口鼻，以免发生意外；美术活动中，会正确使用操作工具如笔、剪刀、双面胶等，

掌握安全使用工具的方法，如递剪刀给他人时，剪刀柄朝着对方等。

3. 掌握突发意外事故正确的处理方法。有基本的急救能力，掌握常用突发事件或意外事故简单的急救方法，如：因碰撞发生流鼻血时应立即采取止血措施，并将幼儿送往保健室进行观察；因身体碰撞导致受伤时，应立即送保健室进行诊察并根据情况进行冰敷或治疗。

要点三：关注学习常规的培养，保障学习活动的正常开展

1. 注重学习活动中的秩序性。教师应在学习活动中提出操作和安全要求，如科学、美术活动中操作材料的取放与整理步骤，材料使用中的安全注意事项等；关注幼儿的活动过程中的秩序，及时提醒、纠正幼儿不正确的行为；教师还可以通过释放信号的方式培养幼儿活动中的秩序感，如通过播放音乐、拍打节奏、念儿歌等掌握操作活动中的开始和结束环节等。

2. 培养学习活动中良好的行为习惯。有保护公共物品的意识，通过示范、儿歌等方式教会幼儿正确搬桌椅的方法，知道轻拿轻放，不翘也不拖拽推拉桌椅；有良好的倾听习惯，不插话、不东张西望、不与同伴玩耍、交头接耳。

要点四：掌握各领域教学活动中的保育工作重点

不同教学领域都会有不同的学习方式和特点，教师应在学习活动中把握不同教学领域的主要保育要求（如表 3.1），有效地促进幼儿健康地成长。

表 3.1　各教学活动保育工作要点

领域名称	保育工作要点
语言活动	1. 适宜的阅读距离：应把书本立放在桌上，眼睛与书本的距离要保持在 35~40 厘米。 2. 正确的姿势：胸部挺直，腿部放平，身体离桌子约有一拳的距离，不紧贴桌子。 3. 书籍的选择：图画为主，字迹清晰不模糊，画面色彩鲜艳不刺眼。
音乐活动	1. 正确的唱歌姿势：站着唱歌时身体要挺拔、不驼背、不含胸，双手自然地下垂；坐着唱歌时要坐正、挺胸，双脚不要交叉，双手自然地放在腿上，头部保持正直。 2. 正确的发音：口形略带圆形，用自然美好的声音发音，不要大声喊叫。
美术活动	1. 正确的姿势：坐端正，形成良好的坐姿，两腿放平，胸离桌子约一拳的距离，眼睛与桌面的距离约 30~35 厘米左右。 2. 卫生工作：进行绘画活动前，准备好抹布，并在每张桌上铺好可清洗的桌布或废旧报纸，同时对幼儿提出相关要求提醒幼儿注意涂色、使用颜料时避免涂抹到衣服、桌面和地面。为幼儿就近准备垃圾桶或废纸筐，便于幼儿自己将碎纸片和垃圾扔到固定的地方。 3. 操作材料不塞入鼻、口；不玩、不咬绘画工具如水彩笔等。

（二）问题小贴士

案例描述

皮皮笑了

班上新转来一个不会笑的男孩，进班的第一天，孩子的妈妈就告诉老师："孩子特别皮，原来幼儿园的老师说孩子已经无可救药了。"言语中，王老师感受到了家长的无能为力。在接下来的时间里，皮皮的名字每天都会无数次地出现在耳边："皮皮打了我"、"皮皮骂人"、"皮皮抢我玩具"，等等。美术活动中，其他孩子都在开心地画着，从不画画的皮皮这次拿起了黑色的油画棒，开始在白色的绘画纸上涂鸦，旁边的豆豆说："你画的是什么呀，这么脏，好难看。"皮皮听了"哼"地一声，把笔一扔，就要打豆豆。王老师赶紧走过去，"咦！这个是什么？"王老师指着一团黑色中的白点问。皮皮看了一眼说："是灯的光。""哦！原来你画得是夜晚的灯光呀！画得可真好。"豆豆和其他小朋友们也都聚过来，"嗯，真好看！"发现皮皮悄悄地露出了一丝笑容。经过一段时间，班上的小伙伴们发现，皮皮身上的优点越来越多，他的绘画作品总是很有想法，他会帮助同伴整理学具柜，他会创新游戏玩法，他会主动与他人打招呼。皮皮脸上的笑容越来越灿烂了。

问题再现 学习活动中，教师应该如何根据个体差异，关注不同的幼儿并进行有效指导与评价，从而促进其心理健康地成长呢？

应对策略

在活动中，教师对幼儿的关注和评价都会影响幼儿的情绪和自信，对幼儿的心理健康有着极其重要的作用。

1. 教师要有正确的儿童观和价值观，能发现每个孩子身上的优点，有正确的导向意识，帮助孩子建立辨别是非的能力。

2. 教师要具有正确指导与评价的能力。教师对幼儿的评价与指导要具有客观、公正、包容性，从实际出发就事论事，不能根据以往的印象和经验来评价当前幼儿的行为事件。对个体差异不同的幼儿的关注和评价要有针对性，根据幼儿的能力水平给予相应的支持，能及时发现他们的进步并进行肯定、表扬，鼓励他们获得更大的成功，从而帮助幼儿建立自信，收获快乐。

3. 要让幼儿学会正确的自我评价，知道每个人都有自己的特点，都是与众不同的个体。在学习生活活动中，可通过自评、同伴互评、教师参与评价等方式让幼儿对自己与他人有一个客观、正确的认识，从而建立自信、自尊、自爱。

（三）保育小达人

1. 师幼共同设计各种安全标记

通过环境创设与幼儿产生互动，掌握学习活动中的一些常规要求或安全知识。如在教室内张贴自己设计的安全标记等，起到互相提醒的作用。

2. 工具的正确使用方法小妙招

充分运用儿歌教学法引导幼儿了解正确使用剪刀、保护眼睛、搬小板凳等好方法，养成一些良好的生活常规。

附：儿歌二首

小　剪　刀

小剪刀，向前伸，手指娃娃钻山洞。
拇指爸爸钻上面，食指中指钻下面。
轻轻张，慢慢合，手指娃娃乐呵呵。

小　板　凳

小板凳，双手抱；眼看前，步慢行；
不乱推，轻轻放；爱护公物我最棒！

集体学习活动后的保育

（一）保育工作要点及实操方法

要点一：清洁整理使用过的学习用品或操作材料并分享交流好方法

1. 开展相关的教育教学活动。如“我会整理”等，通过整理学习用品、小书包等引导幼儿掌握整理的方法，形成良好的整理习惯。

2. 规范物品的摆放。通过讨论，师幼共同制定规则如“从哪里拿的，放回哪里”。在活动结束后知道主动收拾、整理学习用品、操作材料。如：将科学活动中的操作材料；美术活动中的笔、剪刀、绘画纸、泥工板、橡皮泥等用具；语言活动中的阅读书籍；音乐活动中的乐器等放回指定位置，并分类摆放整齐，在长期的操作中让活动后的自主整理形成一种常态。

3. 学会清洗的方法。会把使用过的工具如美术活动中的绘画笔、调色盘、抹布等清洗干净；分享交流清洗的好方法，注意水粉等颜料不要洒在教室、清洁间地面和墙面。

要点二：活动场地的卫生整理

1. 将垃圾扔到垃圾桶，桌椅摆放整齐。

2. 用清水将桌面擦拭干净，清理、打扫干净地面。

要点三：幼儿自主盥洗、如厕、饮水

学习活动后幼儿会根据需求自主喝水、如厕、洗手，提醒幼儿注意与同伴之间保持距离，不要奔跑，避免发生碰撞；关注幼儿的喝水情况，并根据幼儿的年龄特点，利用环境创设“你喝水了吗？”的墙面进行记录和观察，保证幼儿活动后的饮水量充足；提醒幼儿洗手时不要将水洒在地面导致地面湿滑，注意节约用水。

（二）问题小贴士

案例描述

烦恼的熊老师

小三班的美术活动快要结束了，豆豆捡到了一根油画棒。马上小朋友来告状：“熊老师，豆豆把画画在桌子上啦。”熊老师刚拿掉豆豆的油画棒，却发现地面已经被掉在地上的油画棒变成了一张大花脸，孩子们还在踩来踩去。一些零散的油画棒和作品静静地躺在桌上，被孩子们遗忘。过道上到处可见凌乱的座椅，挡住了孩子们回到座位的通道，不少孩子被拌得跌跌撞撞，险象环生。看着一片狼藉的教室，熊老师一筹莫展。

问题再现 美术活动后如何让孩子们学会主动整理，保持桌面、地面的卫生、干净呢？

应对策略

1. 师幼共同整理，激发幼儿整理材料的主动性。教师用情境、语言引导或示范等方式帮助孩子掌握整理绘画工具正确的方法，如：“油画棒宝宝要睡觉啦，请你把它们放到床上去吧！数一数，看一看，油画棒宝宝一个也不能少哦！”

2. 正面评价及时小结。肯定幼儿会主动整理的良好行为，培养幼儿的责任意识和主人翁精神，知道学习活动后的整理是自己要做的事情。

3. 将整理环节的常规内容融入故事中。用讲故事听故事的形式，引导幼儿从有趣的故事情节中去理解整理的作用和意义，从而自发地学会整理，遵守常规。

（三）保育小达人

1. 设置“值日生”，培养幼儿的劳动习惯。增强为班集体服务的意识，同时可以观察小伙伴是否有整理行为，做到互相评价与提醒。

2. 根据年龄特点给各种材料、工具等做好适宜的标记。如：图片、照片，使幼儿能根据标记快速地进行对应摆放整理。如乐器，可以根据乐器的形状特征设计标记贴在教具框上。

二、游戏活动中的保育

游戏是幼儿自发、自主、自由的通过身体各种感官，操作各种材料，反映和探索周围世界满足自身情感、个性、身体健康发展的一种活动。游戏能培养幼儿的探索精神和创造力，从而养成幼儿坚持、忍耐、不怕困难等良好的意志品质，形成良好的学习品质。轻松、有趣的游戏活动让他们在没有约束的情境下，自由地操作、自由地玩耍，就算汗流浃背、满身泥土也乐在其中。因此保证幼儿每天有适当的自主游戏时间，保障安全、整洁的游戏环境，保护幼儿的身心健康等保育工作，更能提高幼儿的探索、想象和创造能力，在学习解决问题、学会交往与合作、表达自己的想法和感受等多方面的发展过程中，获得身心愉悦的情绪体验，让幼儿拥有真正的快乐童年。

游戏是幼儿的基本活动，这里阐述的游戏主要包括室内游戏和户外自主游戏两种形式。室内游戏以室内区域游戏为主，户外自主游戏以玩沙玩水游戏、种植类游戏、大型建构游戏为主。游戏活动中的保育工作主要体现在游戏前准备、游戏中支持和游戏后整理三个环节，做好这三个环节中的保育工作，让幼儿在自由、自主、安全的健康游戏环境中学习和发展，不断地挑战自我，身心愉悦，有利于促进幼儿全面地发展。

室内游戏中的保育

（一）保育工作要点及实操方法

游戏进行前，保教人员主要需对游戏环境、游戏材料进行清洁，甚至消毒，确保幼儿游戏材料卫生、安全，为孩子进入游戏做好充分的物质环境准备。同时还应对幼儿进入游戏环节做好相应的心理环境和生活方面的准备，确保幼儿愉悦地参与到游戏中。

1. 游戏前注重卫生、安全、轻松活动环境的创设

要点一：卫生适宜的游戏物质环境

每天晨间用清水对摆放区域游戏材料的不同柜体、幼儿区域游戏中所有的操作台面、地面进行擦拭。幼儿离园后移开柜体及操作用的桌椅，以及各区域游戏中因特殊需要所用的各种地垫进行清扫，保持游戏区域场地的清洁。

每周五用 1∶200 的 84 消毒液将区域游戏中的能水洗的玩具浸泡 15 分钟后再用清水冲洗、清洁干净后晾晒。对不适宜消毒水消毒浸泡的物品（如：图书、毛绒玩具等）摊开放在太阳下曝晒；曝晒时不要相互叠夹，曝晒时间不低于 6 小时。与此同时，保教人员每月最后一周还需用清水对所有的室内区域游戏材料擦拭、清洁、整理。游戏区域要综合考虑其特点来布置，如：图书区要选择靠窗光线好的地点创设，保证阅读时有充足的采光条件，若自然光线较弱时，可增加灯光辅助采光，在区域中投放厚垫或靠枕，营造温馨的阅读环境。邻近水池处创设美术区，便于清洁整理等。

要点二：温馨和谐的游戏心理环境

教师用亲切的语言，尊重的态度，赞赏的眼光，营造良好的游戏心理环境。鼓励幼儿积极主动参与游戏，认真关注到他们的每一次变化和进步，并及时肯定。教师用积极的言行去感染幼儿，激发他们游戏的兴趣。

要点三：安全丰富的游戏材料

先目测各区域陈列柜上的游戏材料有无破损、残缺、丢失现象，如有则应在幼儿游戏前及时修补、完善甚至是替换。如果不能及时修补，则先收纳起来，并在材料陈列柜上增加提示，以免在游戏过程中，给幼儿带来不必要的麻烦。收集和选择精致美观、尺寸大小符合幼儿年龄特点的游戏材料，将

游戏规则用图文并茂的形式张贴在游戏区域的墙面或柜面。

根据不同游戏区的特点准备不同的支持游戏的材料。如美术区提供防水反罩衫、湿抹布等工具支持幼儿玩色彩游戏；娃娃家提供便于幼儿操作的炊具、生活用具、家用电器等玩具。餐厅中提供烧烤串等真实的游戏材料，可在尖细的串针两头进行装饰，以穿鞋戴帽的方式包裹藏好尖头，避免幼儿游戏时划伤。

要点四：充足到位的生活准备

提醒幼儿根据自己的需求，有序喝水、如厕，教师根据幼儿的年龄特点、自理能力帮助或协助幼儿整理衣裤准备参与游戏。

2. 游戏过程中给予适时有效的保育指导

要点一：有序取卡，安全游戏

组织幼儿有序取游戏卡选择游戏区域。教师应注重游戏卡的巧妙设计和科学摆放，保证每位幼儿有优先自主选择游戏区域权的机会。教师也可安排幼儿轮流、分批拿取游戏卡进入游戏区域，避免幼儿取区域卡时出现拥挤和无序的情况。同时，教师还应提醒幼儿轻拿轻放、安全使用游戏工具。告诉幼儿游戏中若有困难可以寻找教师帮助。

要点二：观察游戏，发现需要

幼儿游戏时，教师应有观察意识，重点可观察幼儿游戏时的情绪，及时发现幼儿的需要并给予及时的帮助和指导。如：对于多尿的幼儿教师应多提醒他自由如厕，以免玩得饶有兴致而忘记如厕出现憋尿现象，不利于身体健康。又如：对于参加游戏兴趣突然低弱的幼儿，教师应马上了解情况，当发现是因身体不适时则迅速送保健室观察处理。教师还应善于倾听幼儿谈话、观察幼儿交往，及时对游戏中不同行为表现的幼儿给予引导和鼓励，保障幼儿身心愉快地参与游戏。

要点三：根据区域不同特点提供适宜有效的保育支持

游戏中教师提供适宜有效的保育支持，保障幼儿身心愉悦、安全、和谐地参与游戏。教师应提醒和引导幼儿正确使用尖利的游戏工具，避免发生游戏工具划伤的情况。如：美工区剪刀的正确使用，保证剪刀与同伴有一定的距离，尤其是尖头不能对准同伴的脸部，使用完后尖头朝下收回原处，养成好习惯。表演区播放乐曲时，音量的大小既保证本区域幼儿能听清楚，又不干扰其他区域幼儿正常游戏即可。提醒阅读区的幼儿注意用眼卫生，纠正其不良的阅读行为。

幼儿在游戏过程中发生争执时，在保证人身安全的前提下，尊重幼儿并注意交流的方式方法。教师要先制止伤害性行为，并耐心倾听幼儿双方表达他们的情绪及想法，结合教师前期的观察加以细心询问，让幼儿在叙说讨论中慢慢地稳定情绪，共同探讨解决问题的好办法。

3. 游戏结束后的保育工作重在整理收拾

要点一：材料整理

教师用特定语言、动作、音乐等结束口令提示幼儿游戏结束了，并组织幼儿有序将游戏材料对照区域标记的提示，对号入座送回区域材料陈列柜里。教师提醒幼儿轻拿轻放，整理过程中发现破损情况及时修补、清理和替换。

要点二：生活整理

提醒幼儿自由洗手、喝水、如厕。协助幼儿整理衣裤，发现尿裤子的幼儿及时换洗。

（二）问题小贴士

案例描述

推倒“八一大桥”的溜溜

今天的建构区游戏主题是《家乡的大桥》。童童和强强建了一座“八一大桥”。他们是用薯片桶做桥墩，纸板做桥面，桥下有船行驶，“八一大桥”的标记摆中间。雄伟逼真的“八一大桥”就这样建好了。可溜溜听到结束口令，边用力推倒童童和强强的“八一大桥”，边叫：“游戏结束了，收材料了！”“哗啦”一声，“八一大桥”倒了。童童马上反击，也把溜溜的作品推倒，三人越演越烈，你破坏我的，我推倒你的，还撞倒了其他小朋友的作品。游戏材料洒了一地，场面乱成一片，其他幼儿纷纷向老师告状，童童说：“溜溜搞破坏。”溜溜说：“游戏结束了要收玩具，不能再玩了。”毛老师对此也一筹莫展。

问题再现 当游戏结束时，面对孩子将建构区作品统统推倒时，教师应该如何引导？此时出现了收纳整理材料场面的混乱时，教师又该怎么办？

应对策略

1. 平静走向幼儿，先制止幼儿的推倒行为。教师发现幼儿在游戏结束时，幼儿有推倒建构作品现象，应马上制止幼儿的推倒行为，告诉幼儿这样做是不尊重自己和同伴的行为。

2. 现场观察，倾听幼儿讲述，询问幼儿自主解决的方法。教师耐心倾听幼儿表达自己的情绪和想法，如果幼儿能主动发现问题的原因，则可追问幼儿解决问题的方法，引导幼儿和平解决问题；如果幼儿争执不下，教师可先用照片或视频的形式记录现场情况，再与双方幼儿一起整理材料。

3. 运用分享交流环节，自主评价幼儿的游戏行为。教师可利用分享环节，结合照片或视频与幼儿一起回顾当时的情景，和其他同伴一道分析对错，鼓励幼儿寻找正确的解决方法，并将获得的经验向同伴分享。

4. 创设游戏环境标记，暗示收纳规则，养成幼儿良好的整理习惯。鼓励幼儿制定和设计收纳整理规则标记。将整理材料时轻拿轻放、对号入座、物归原处的规则，用图文并茂的形式布置在环境中，在游戏环境中做隐形提示，让幼儿轻松记忆。在游戏结束时，老师可以用特定的结束口令提醒幼儿游戏结束了，如舒缓的音乐，让兴奋游戏中的幼儿情绪慢慢放松，自然接受游戏结束的信息。

5. 对于材料特别多的特殊区域可以采用适当延长整理时间或保持展示的状态，避免产生整理混乱的局面。如：美工区活动结束时可将未完成的美工作品可以先陈列到柜面，等待下次继续游戏，完成后再陈列到固定地点；建构区中的每一幅作品都是孩子智慧的体现，富有创意，往往孩子舍不得拆掉。精美的作品拆起来费时，大型作品收纳时，稍不慎就会倒塌，因此教师可以让孩子保留建构作品，有目的地引导全体幼儿先参观、欣赏、学习，再邀请其他区域的幼儿按照从上往下、从周围到中间的原则，大家一起合作完成整理和归类摆放的工作。

（三）保育小达人

1. 变废为宝，及时清洗

班级都有组织进行餐厅、超市、医院等社会性角色游戏，需要收集大量的餐具、饮料瓶、食品盒、食品包装袋、药品罐等物品，而丰富、安全的区域材料是满足幼儿游戏的基础。教师需在收集前要求家长按要求清洗好并晾干，收集上来后还要逐一开盖、里外触摸进行检查，干净、无异味、无裂缝的为合格材料先投入使用，卫生不合格的材料清洁后再使用。

2. 巧用彩泥，减少隐患

烧烤区里幼儿喜欢用细细的烧烤小棒自制烧烤串，小棒穿过薄薄的色纸就成了土豆串、将软软的橡皮泥捏在小棒上就成了牛肉串，然后放上烧烤炉，撒上“调料”，美滋滋地享受，开心极了。可美食街中孩子们自由选烤串、卖烤串、吃烤串，场面混乱，细细的烤串棒无疑成为一个安全隐患。教师应在每根烧烤棒的两头用彩泥给小棒穿鞋戴帽般把尖头包裹好，避免尖头划伤幼儿。同时还要考虑适当扩大游戏范围，规划自选区、烧烤区、品尝区的合理行走路线，保障游戏安全有序而快乐地开展。

3. 图示规则，简单易懂

教师和幼儿共同制定游戏的规则，将这些规则以图画为主、文字为辅的方式呈现在区域插卡旁或环境中，便于幼儿理解和遵守。

4. 桌垫巧用，干净整洁

幼儿开展涂色画、线描画都易弄脏桌面，而且油彩棒、线描水粘在桌面很难清洁，教师可以在绘画区桌面铺上与桌面大小相同的厚牛皮纸或废旧报纸，既能保持桌面卫生，又能使绘画更流畅。如果在桌面开展水墨画游戏，铺上吸水棉垫，既能保持桌面卫生，又能让水墨画作品不易破损。

5. 收纳材料，标记帮忙

为了帮助幼儿收纳材料有序又不混乱，教师可以采取图文并茂的形式做标记，便于幼儿对图收纳。用颜色或形状等不同标记进行材料收纳的指示，如美工区材料标记是红色加实物图片，餐厅是绿色加实物图片，便于幼儿根据颜色准确收拾到位。

户外自主游戏中的保育

（一）保育工作要点及实操方法

户外自主游戏进行前，保教人员首先要为幼儿做好生活用品和安全教育的各项准备，检查场地和材料的安全，在过程中关注幼儿游戏进展和材料操作使用情况，确保幼儿安全愉悦地参与到游戏中。

1. 游戏准备前的保育

要点一：生活用品和着装检查

组织幼儿有序喝水、如厕。为幼儿提供充足的水，确保幼儿户外游戏时可及时补充水分，在无法做到有户外直饮水的情况下，可以多方面提供水源，如自备小水壶等。炎热的季节为幼儿准备遮阳等防晒工具，提供防沙雨鞋或鞋套便于玩沙幼儿使用，提供防水衣便于幼儿玩水。在帮助和协助幼儿整理衣裤的同时检查幼儿着装是否合体，鞋子是否合脚，帮助幼儿把过长的衣裤卷起，系好鞋带。离开教室去户外之前保教人员为体弱幼儿夹好吸汗巾，拿好衣物篓，内装餐巾、吸汗巾等。

要点二：检查游戏场地和游戏工具及材料

游戏前迅速检查户外场地环境有无安全隐患，清理地面尖利凸起物，检查周围建筑物有无开裂，做好标记提醒幼儿避开隐患，检查不同游戏需要的材料情况，迅速做出判断，给予合理的处理方法。

（1）检查玩沙、玩水工具。发现破裂现象，暂时收纳好，修补后再给幼儿使用。当夏季高温时，沙池的沙子温度一定要触摸检测，采取洒水降温，避免沙子灼伤幼儿皮肤。

（2）检查种植类游戏需要的锄头、铁锹等劳动工具，是否有松脱现象；检查工具的摆放地点是否符合幼儿安全取放的高度，或按游戏需求将当日所需工具摆放到幼儿能安全取放的地点，便于幼儿安全取放和使用。

（3）检查大型建构类游戏材料有无断裂破损现象，暂时清理并放至幼儿拿不到的地方，维修后再投入使用。

要点三：定期清洁游戏场地和材料

定期清理戏水池中的脏物和更换水；定期翻松沙池的沙子并让沙子在太阳下曝晒消毒；定期用沙网筛滤沙池中的杂物后再翻晒消毒；沙池长期不用应有遮盖物覆盖在沙池上，以保持沙池的清洁。

要点四：做好适宜的热身活动

冬季室内室外温差大，组织幼儿到户外游戏，孩子容易出现受凉、参与游戏兴趣不高等现象，此时教师可以先组织幼儿跑步、搓手、蹦跳交替热身。当摸着幼儿的手微热时再进入当天的游戏主题。

2. 游戏过程中的保育

要点一：观察幼儿游戏进展，及时关注个体需要

幼儿开始自由游戏后，教师观察幼儿游戏情况，有意识地创设动静交替

的游戏情境，适时调整游戏运动量，提醒幼儿多喝水，补充水分。根据气温及幼儿游戏情况，提醒幼儿及时增减衣物。关注体弱幼儿脸色，给予个体帮助。游戏中幼儿发生摔跤、碰撞等小事故，及时送保健室观察处理。及时对游戏中不同行为表现的幼儿给予引导和鼓励，保障幼儿身心愉快地参与游戏。并适时适宜地对玩不同区域的游戏的幼儿提供支持。

要点二：根据不同游戏提供适宜有效的保育支持

教师观察户外不同区域幼儿游戏的情况，发现问题及时询问、了解，并做出判断和处理给予适宜有效的支持。

在玩沙玩水的户外游戏中，教师发现幼儿故意扬沙侵犯他人游戏，故意浇水干扰他人游戏的不正当行为时应及时制止并引导纠正。

在种植类的户外游戏中，教师应根据游戏主题内容，现场向幼儿介绍所需工具的安全使用方法，游戏环节注意动静结合。引导幼儿使用工具时保持同一方向向前推进完成松土、播种、浇水等种植类游戏，避免双向操作时被工具碰伤。同时还要考虑幼儿劳动技能弱、劳动锻炼少的情况，减少幼儿因反复使用锄头、铁锹强度过大而发生手掌起泡的现象，缓解幼儿劳动的疲劳、紧张的情绪，保障幼儿轻松愉悦地参与游戏。

在户外大型建构游戏中，教师应根据户外建构游戏材料体积较大的特点，重点关注幼儿自由取放材料时的安全。首先，引导幼儿学会正确的搬运方法，鼓励团结合作完成。如告诉幼儿同时抓稳游戏材料的着力点，同时用力抬起，行进中不能跑，两人保持同速度行走，默契避让他人。其次，共同制定合理的取放规则。如进出器械材料室时按照靠右行的原则，避免进出发生拥挤碰撞的危险情况。有矛盾时，会用“等一下”、“我们靠边停一停”的语言提醒同伴配合，处理好情况后再继续行进，到达游戏场地后再轻轻放下。取放过程中，教师需一直跟进，关注游戏的变化，及时调整跟进策略。

3. 游戏结束后的保育

要点一：整理材料

游戏结束后，组织并陪同幼儿有序将游戏材料对照标记的提示，按照物回原处的原则收拾整理好。提醒幼儿轻拿轻放，关注合作搬运大而重游戏材料的幼儿协调配合同时放落。整理过程中发现材料破损情况及时清理到幼儿拿不到的地方，等维修好再投入使用。

要点二：清点人数

材料整理好后，马上列队清点幼儿人数，主班老师在前、配班老师在后，带领幼儿回班。

要点三：生活整理

回教室后组织幼儿洗手、喝水、如厕，及时为体弱幼儿换上干的吸汗巾。幼儿完成如厕后进行衣裤整理，发现游戏时尿了裤子或玩水时打湿衣服的幼儿及时换洗。根据季节、气温、幼儿的运动量和出汗等情况，督促提醒幼儿穿上合适的衣物。如夏季气温较高，只把脱下的衣物整理到自己的物品柜中，离园时带走即可；春秋季的气温温差较大，回到室内后密切关注幼儿的出汗及手温变化，及时为幼儿套好外套，避免幼儿着凉。

（二）问题小贴士

案例描述

皮皮再也不尿裤子了

小朋友们最爱玩沙，堆沙游戏、挖沙游戏、运沙游戏，让每个孩子沉醉在玩沙的快乐里，不管什么玩具都能玩出创意，即使没有工具了把沙摸摸平，用手指画画，也是乐在其中。经常看见一堆堆小脑袋聚在一起忙得不可开交，让李老师都不忍心打扰。知道今天是玩沙游戏，皮皮奔走相告，孩子们高兴极了。游戏的时候，皮皮突然丢掉玩沙工具，急慌慌地跑过来跟老师说："李老师，我要拉尿。"话没说完就尿出来了。这种情况连续几次都是这样，有时发生在皮皮身上，有时还会发生在其他小朋友身上。

问题再现 好玩的沙池游戏吸引了孩子们的注意力，常常有尿也憋着不去上厕所，遇到这种情况，教师该怎么做呢？

应对策略

（1）教师在游戏前组织幼儿如厕，叮嘱并观察每一位幼儿是否如厕。尤其要注意观察户外游戏常出现尿裤子的孩子，多多提醒他们。

（2）游戏过程中观看幼儿玩沙时的神态，主动询问，了解情况，给予帮助。并提醒平时多尿的特殊幼儿有需要提前随时向教师求助。

（3）游戏结束后，教师要做有心人，检查孩子是否有尿裤子的情况，及时帮助换洗。告诉不小心尿裤子的孩子不要紧张，教师会帮助他，以后注意一些就行，减轻幼儿的紧张情绪。

（三）保育小达人

1. 一队变两队，安全行进

参加户外游戏时幼儿一个跟着一个，排着一列队伍，从教室到游戏场地，下楼梯、转拐角，行进时会有许多不安全的因素。教师可以将一列队伍变成两列队伍，缩短队伍距离，便于观察到全体幼儿。主班老师领队在前，并面朝幼儿倒退走，配班老师队尾协助，提醒幼儿跟紧队伍，尽量保持幼儿在自己的视线范围内。下楼梯时，幼儿两两牵手易牵绊，用儿歌口令提醒幼儿松手两队变一队，一个跟着一个有序下楼梯，如：下楼梯，火车变飞机，不推不挤稳稳走。下完楼梯后提醒幼儿恢复两两牵手紧跟队伍向目的地继续前进。

2. 巧手制作，变身玩沙工具

保障丰富的玩沙工具才能满足幼儿的玩沙需求。教师可以收集材质偏硬的塑料制品，如洗发水瓶、洗衣液瓶、饮料瓶等，通过剪切、裁割、打磨的方法自制成经久耐用的沙铲、沙漏、沙壶等工具，提供给幼儿使用。

3. 小小水壶，雪中送炭

在幼儿园没有室外直饮水条件的时候，教师可以提醒家长为幼儿准备大约能装 250ml 的小水壶满足户外游戏饮水的需求。户外游戏出发前，幼儿自己或在教师的帮助下从班级饮水机里装好水，放在游戏场地的固定点，便于自己自由取放喝水。

4. 巧用助手，整整齐齐

如今的宝宝鞋造型美、品种多、功能齐，玩沙时却出现很多问题：浅口的鞋子易进沙，有装饰品的鞋子易藏沙，鞋底有纹路的鞋子易扬沙。为了让幼儿安全玩沙，教师在提供玩沙工具的同时，还要提供表面光滑的高筒雨鞋这个玩沙“助手”。参与游戏的幼儿年龄、鞋码都不同，因此投放的雨鞋数量多、鞋码不同，这样就经常出现幼儿穿着一大一小或穿着同是左脚的雨鞋参与游戏。此时可以给每双雨鞋准备一对衣夹，并提醒幼儿收纳时先比比鞋码是否一样，再用衣夹夹住雨鞋鞋口，让两只尺码相同的雨鞋友好紧密地靠在一起，像好朋友手拉手一样。每次游戏换鞋时，取下的衣夹先夹在自己的鞋子上，不仅不易丢失还便于收纳雨鞋使用。

5. 超高标记，安全提醒

户外大型建构游戏用的木长梯、人字梯又大又重，收纳时占地大，因此有时必须重叠堆放在一起。教师首先在规定地点的地面按楼梯的大小形状做好收纳标记，让幼儿按标记对形状放好，再根据幼儿的身高、能力等情况，在墙面贴上限高标记，当幼儿堆放到限高标记时就会另放一处收纳。

三、运动活动中的保育

运动活动是幼儿在园的主要活动之一，幼儿在园每天不得少于 1 小时的体育活动。由此可见，运动活动对幼儿健康成长的重要作用。幼儿通过运动可以增强身体素质，提高抵抗力，改善身体各组织器官的机能，促进其生长发育。参加适合幼儿生理特点的运动可以提高幼儿身体的适应能力、抗病能力。在运动活动中，教师始终要将幼儿的安全放在首位。幼儿在运动活动过程中，教师的视线一刻也不能离开幼儿，不仅要观察幼儿在运动活动中的动作发展，还需了解幼儿在运动活动过程中的身体状态和情绪状况，更需关注幼儿在运动中的保育需要。只有这样，幼儿在运动活动过程中才能不断提高动作发展和自我保护能力水平，才能健康和谐地发展。

运动活动中的保育工作主要在运动活动前的保育、运动活动中的保育、运动活动后的保育三个方面进行渗透。

运动活动前的保育

（一）保育工作要点及实操方法

要点一：确保活动场地和活动器械的安全

保育工作离不开关注幼儿的安全，运动前各项安全检查十分重要。场地安全与否，器械是否存在破损，周边环境是否存在危险因素，自制器材有无消耗或磨损，大型运动器械的连接处等，都需要逐一进行安全排查，以免幼儿在运动中碰伤。此外，在不同运动游戏中制定一些游戏规则也可大大减少安全事故的发生。如：使用飞镖、飞盘等游戏材料时不能对着同伴；在玩大型组合玩具时要懂得互相谦让，不能逆行，要有序依次玩耍等。

要点二：热身环节要科学

热身运动是运动活动中不可缺少的第一环节。针对活动要求，游戏开始前，需科学合理安排热身准备活动，教师带领幼儿进行一段活泼的热身韵律操活动或者游戏活动，让幼儿全身各部位动作打开，筋骨拉伸，激发幼儿参加运动活动的兴趣。热身活动活动量不宜过高，过猛，但又要注重每个部位动作舒展，这样可避免后续运动中突然用力过猛或者大运动量造成的肌肉拉伤或者关节扭伤等现象，确保幼儿在运动活动中的安全。有针对性地开展热身环节，有助于身体逐渐适应后面的运动内容，呈现渐进式的科学活动过程。幼儿进行准备活动时教师认真观察幼儿运动初期的基本情况，以便运动过程中保育护理工作的及时跟进。

要点三：检查幼儿着装是否适宜

在幼儿园的运动活动中，幼儿着装是值得我们深度思考的问题。

运动前教师需首先检查幼儿运动的服装是否宽松，便于运动，是否对幼儿的运动产生影响。其次，服装是否带有金属物，如：金属拉链、绳子等，以及其他各种可能产生危险的装饰物等。因为在幼儿的游戏活动中进行走、跑、跳等一系列的动作时候，这些装饰物都可能成阻碍幼儿正常运动的障碍，形成安全隐患，比如衣物的绳索缠绕，给幼儿造成伤害。最后，鞋子是否便于运动，也是非常关键的一点。很多小女孩喜欢穿漂亮的小皮鞋、凉鞋等。但由于皮鞋、凉鞋的材质质地较硬，弹性较差，增加了幼儿运动的障碍，容易引发安全事故。因此要求在幼儿运动中穿运动鞋。教师做好示范，穿便于运动的衣服，与幼儿共同游戏，确保幼儿运动活动的有效开展。

由于幼儿的年龄特点，身体对外界温度刺激的反应较弱，肌肤自我保护能力差。为此，教师还应根据季节特征对幼儿户外运动服装提出不同的要求。寒冷的冬季应注意防寒保暖，以棉衣类为主且穿在外面是便于运动期间穿脱的衣物；炎热的夏季要注意防暑降温，主要的面料需通风透气吸水便于幼儿运动时身体温度的调节。

要点四：了解幼儿的身体状况

活动前教师应了解幼儿身体情况，是否有身体不适或者刚刚恢复健康的幼儿，应针对个别幼儿调整运动内容、时间和运动量。教师要关注体质有差异的幼儿，尤其是对体质差、身体弱的幼儿应予以更多的关注。引导他们参加适宜的运动活动，做到量力而行。

要点五：运动前的安全教育

幼儿参加运动前，教师可强调安全教育，并交代清楚游戏规则，教育幼儿要树立自我保护意识。同时，教师应对有可能在运动中发生的危险具备一定的预见性，要科学准确地进行判断，并及时进行制止，避免发生危险。如：有的幼儿喜欢挑战自我，不断探索，有时想让自己的飞镖、飞盘飞得更高更远，有时就边跳起来边扔飞镖、飞盘，也完全未顾及身边或前面的同伴。为此教师此时应立即提醒幼儿不能将尖锐的小型器材指向同伴，在扔飞镖、飞盘时需看到前方是否有人，要避开人。

要点六：科学安排运动的时间

运动游戏时间的安排应根据季节的不同进行科学合理的安排。夏季游戏活动时间根据当日温度进行优化调整，比如将运动时间提前，在户外阴凉处开展且整个活动时间不宜过长，避免中暑。其次，春秋季户外活动时，温差不大，可在朝阳处进行游戏；而冬季室内外温差较大，运动时间可安排在阳光灿烂的时候进行日光浴活动，预防传染病。根据空气质量情况灵活安排适当的户外活动时段和时长。

（二）问题小贴士

案例描述

爱漂亮的多多

晨间运动游戏开始了，孩子们非常开心，有的在攀岩，有的在跳跃，还有的在钻爬。突然一阵哭声传来引起了老师的注意，刘老师连忙朝着走过去，结果发现多多的手和脚被绳网卡住了。于是刘老师在绳网下支撑起多多的身体，同时让多多双手用力向前抓住绳网，脚用力蹬上去。经过努力，多多慢慢下来了，情绪也渐渐地平复下来。刘老师立刻与配班老师进行交接后，将多多送至保健室，保健人员对其卡住的手腕、脚踝进行检查消毒。经过观察和询问，刘老师发现多多今天穿了一件非常漂亮的公主裙和小皮鞋，蓬蓬的裙摆挡住了多多爬行的视线，小皮鞋上的装饰物被绳网用力地勾了一下，导致在绳网上运动的多多发生了意外。

问题再现 对待像多多这样爱漂亮的女孩子，教师应该怎么办？教师与家长应进行怎样的沟通？

应对策略

1. 运动前，教师应对幼儿的着装进行仔细检查，及时发现问题后，可调整该幼儿活动内容，消除安全隐患。

2. 尊重幼儿，进行个别沟通，告知幼儿，裙子很漂亮但不适宜运动，这样的衣物会妨碍我们的运动。

3. 与家长取得联系，告诉对方给幼儿穿不方便运动的衣物可能给幼儿的运动带来安全隐患，引起家长重视。

（三）保育小达人

1. 安全教育小妙招

利用儿歌教育让幼儿在快乐运动的同时，既能学会简单的自我保护意识，还能成为老师的好帮手，发现问题及时告知老师，避免安全意外的发生。如：“游戏规则很重要，大家都要来遵守，不逆行，不抢道，危险物品我不碰，发现隐患要报告。”

2. 选择运动服装小妙招

为幼儿选择宽松、轻便、棉质吸汗的服装，款式简单大方，不要有长绳或凸出的装饰物；合脚舒适的运动鞋等。事先教师可温馨提醒家长，同时鼓励家长根据班级周活动计划提前了解到运动活动内容，便于为幼儿准备适合运动的服装。

运动中的保育

（一）保育工作要点及实操方法

要点一：运动中的安全

运动中的安全是运动活动中保育工作的重点。活动中幼儿是否遵守游戏规则，发现因违反游戏规则可能产生的安全隐患应该及时干预指导；当发现使用的户外大型玩具或小型器械有安全隐患时应该及时制止幼儿继续运动；发现幼儿在运动中的交往过程中产生争执引发安全问题时，教师也应该及时介入，进行指导。

要点二：运动中教师的观察

运动中及时关注并调整幼儿的运动量和运动密度十分重要。运动量小，运动密度低，无法满足幼儿生长发展需求；相反运动量大，运动密度高，则会造成幼儿过度疲劳，影响幼儿身体健康。

运动中教师要时刻关注幼儿的面色，出汗变化，如脸色红润、满头大汗、呼吸急促、节律紊乱，说明幼儿的活动量大，这时要适时调整，并提醒幼儿注意休息，防止幼儿运动过度，做到运动有观察。反之，幼儿脸色无变化、呼吸中速、动作幅度小，就必须提高其活动量，以达到运动的目的。观察幼儿时，还需经常摸摸额头、脖子，留意出汗较多的幼儿，对部分额头出汗的幼儿进行擦拭，对于出汗量多的幼儿可用毛巾垫在其背部帮助吸汗，并提醒这些幼儿在活动中脱衣，防止幼儿活动后因汗闷在衣中而着凉，做到运动中有照顾。

要点三：关注幼儿个体的差异

针对不同体质和健康状况的幼儿，在活动时间及活动量上应有不同的要求。运动时控制幼儿的活动量，调整运动密度。不能让幼儿时而大量运动，时而安静休息，要做到动静结合，体现循序交替、因人而异的指导。

（二）问题小贴士

案例描述

能干的萱萱

综合区是小朋友们十分喜欢的运动区域。自由的搭建，摆弄各种材料，不亦乐乎。由于器械轻重不一，李老师会请男生主动承担拿取重的游戏材料，李老师说："下面请力气大的男生来。"只见萱萱的手举得很高很高。"萱萱，你也想来？"萱萱点点头，开心地与同伴合作起来。可就在进行第二轮的合作时，迎面撞上再次返回取材料逆行的同伴，前面的同伴手一滑，木梯掉了下来，重重地砸在萱萱的手上，眼看着她的手指从红变紫变黑。李老师连忙将木梯放平迅速抱起萱萱，飞奔去保健室。

问题再现 在运动活动中发生这样的意外，我们该如何及时处理呢？怎样才能避免发生类似的事件？

应对策略

1. 活动前对幼儿运动能力进行预测性评估，运动器材的选择应在幼儿能力范围内。

2. 活动开始时，对于有一定难度的运动内容，教师要组织幼儿开展讨论和交流，并重视活动后的评价交流环节，分享解决难度的好办法，形成运动中的规则和要求。

3. 运动中指导幼儿取放材料时密切关注幼儿的状况，发现危险的做法及时介入，进行指导。

4. 当意外发生时，及时正确处理后马上送保健室，并与班级另一位老师进行口头交接。

5. 与家长取得联系，保健医生根据情况进行处理，或由园方工作人员与家长一同带幼儿去专业医院就医，就医后要跟踪观察及关心了解幼儿恢复情况，直至幼儿康复返园。

（三）保育小达人

1. 补充水分小妙招

有条件的园所建议增加户外直饮水设备，也可以让幼儿自备水壶，做好标记，摆放在户外活动场地旁的指定位置，便于幼儿及时取放。

2. 衣物整理妙招

运动活动时衣物的穿脱十分常见，幼儿脱下的衣物怎样收纳呢？教师可以利用身边各种可见的材料，把它们“变成”可移动的“衣物篓”。比如：塑料地垫、彩虹伞、草地垫、露营垫等。

运动后的保育

（一）保育工作要点及实操方法

要点一：身体和情绪的平稳过渡

运动后的保育工作是一个容易忽视的环节。如何进行有效的放松活动？游戏结束后应按照循序渐进的原则安排活动内容，在教师的带领下做3~5分钟的放松运动，让幼儿有个缓冲的时间得以调整自己的情绪以及身体机能，让其心情渐渐平静下来，减少运动后各器官的负担。

在这个环节中，随着运动密度的递减、运动量的减弱，幼儿的心肺功能和肌肉都得到放松，生理机能逐步平稳。幼儿身体有了一个适应的过程，会更有利于有效地消除疲劳，让身心健康地发展。

大多时候教师更多关注的是幼儿的运动练习，容易忽略幼儿运动后的放松及调整，运动完就直接让幼儿进教室休息，依次进行活动等，这样是不科学的。

要点二：及时补充水分并更换吸汗巾

将自我服务的养成教育融入日常保育工作中，注意补水和保暖。提醒幼儿回到教室后更换汗湿的吸汗巾，及时帮助幼儿更换湿衣服。当幼儿情绪平稳不再出汗时，要提醒幼儿及时穿上衣服避免着凉感冒。运动过后身体因出汗流失了部分水分，应适量饮水。先用流动的水洗净小手后再喝水，一次不喝太多水，避免增加心脏的负荷，对身体造成不利影响。

（二）问题小贴士

案例描述

爱运动的小溢

今天班级的运动内容是投篮活动，刘老师开始交代游戏规则和要求。小溢迫不及待地开始摆弄自己手中的球，对于老师的要求根本没听进去。运动开始后，小溢迫不及待地对准球筐中间的红框反反复复地投，球掉了又捡回来继续投，大喊："我又进了一个，我又进了一个！"刘老师发现此时的小溢呼吸已开始加快，汗量开始增多，要他休息会儿，他却说："不要不要，我要和叮当比试比试！"短短的时间里，小溢的汗珠止不住滴答滴答地往下掉，整齐的发型开始凌乱，汗巾、衣服都已湿透。替换汗巾后，小溢继续游戏，运动结束后，他的汗巾抽掉了，内衣湿透却无法更换，导致小溢感冒了。

问题再现 针对小溢这种类型的孩子，教师如何帮他把握合理的运动量，又应如何做好运动后的保育工作呢？

应对策略

对小溢的行为进行分析，并与家长及时沟通小溢的情况。了解到小溢家中有单独的院子，小溢平时也很喜欢各种运动，家中又有专门的大妈照顾，跟随他后面不断更换衣物，所以小溢运动起来比较自由，家里对他没有任何提醒和约束。针对类似小溢这类幼儿的情况，建议教师采取以下措施：

1. 在活动中，密切关注幼儿，当幼儿出现面红并出汗时，提醒幼儿减少运动的频率，欣赏一下同伴的游戏情况，做到动静交替，保证运动量的同时，调节运动密度。

2. 根据季节的不同，让家长为幼儿多准备几套备用的衣物。除正常的增减衣物外，夏季及时给他更换湿透的短袖，冬季在运动中提醒他注意运动量的同时，不断跟进，给他换汗巾和湿透的衣服。

3. 为达到适度运动的目的，鼓励幼儿自我调整和约束，可以提高幼儿的自我管理能力。用运动游戏规则或儿歌的形式对运动时间和运动量进行调节，如开展两人一组的投篮比赛，一人当运动员，一人当裁判，巧妙地控制好幼儿的运动量。

（三）保育小达人

1. 放松运动小妙招

带领幼儿一边念儿歌：“深呼吸，走一走，心情平复方可坐，先洗手再喝水，身体健康最重要”，一边进行放松运动。这样慢慢回到室内，将养成教育自然融入过渡环节中。让幼儿身体得到放松，又让他对即将开展的活动做好了思想上的准备。

2. 培养幼儿运动后自我服务意识的小妙招

借助儿歌帮助幼儿提高自身的保育护理能力水平，比如“玩热了擦擦汗，脱外套，换马甲，找老师，垫毛巾”。针对不同年龄段的幼儿可以有不同的指导，比如大班以鼓励、口头提示为主，中班以语言和肢体动作相结合为主，小班以动作示范和帮助为主。

四、社会实践活动中的保育

社会实践活动是幼儿园教育活动中不可缺少的一部分，包含亲子户外活动和外出参观等丰富多彩的形式。幼儿园组织有效的社会实践活动，意在让孩子走出传统的活动室，在安全的户外环境、有教育意义的社会场所中开展有益身心的亲子或集体活动，从而增进教师和幼儿之间以及家长与幼儿之间的亲密关系。

和谐、有爱的家园关系和有效的家园沟通是关乎幼儿健康、快乐成长的必要条件。为此，亲子户外活动旨在创设适宜的户外环境、空间、时间和活动内容，让幼儿、家长、教师在活动中互动起来，增进幼儿与父母之间的亲子情感的同时，也有助于加强家园之间的沟通、交流，达到家园共育的目的。

外出参观，目的是让幼儿感受群体活动的乐趣，了解与他们生活密切相关的社会环境特点，更好地适应各类社会环境。例如：园所组织幼儿走进小学，参观小学校舍、课堂等环境，帮助幼儿初步了解小学校园的环境分布和小学生学习、生活特点，观察和发现小学与幼儿的不同之处。帮助幼儿在行动和心理上做好准备，更好地从幼儿园阶段顺利过渡到小学阶段。

社会实践活动中适宜的保育行为，体现幼儿园教师职业的专业性和较强的服务意识，发挥科学指导家庭教育的示范性效应，增强家园间的透明度、信任度，搭建家园合作的温馨桥梁，提高家长乃至社会各界对幼儿园工作的满意度。

亲子户外活动

（一）保育工作要点及实操方法

亲子户外活动是幼儿园开展社会实践活动的重要教育活动之一，此活动中的保育工作同样也不容忽视。亲子户外活动中，主要由家长承担照顾幼儿健康的重任，幼儿园则有责任在活动中指导家长合理保护好幼儿的身心健康。

要点一：活动前制订详细的保育工作预案

在活动前，园方需制订详细的保育工作预案，包括整个活动目标、活动过程、人员及车辆安排，指导参与亲子户外活动的家长与幼儿合理着装、合理配备随行物品注意事项等，针对可能出现的突发性疾病、意外伤害等状况，提前制订预防措施和处理办法。

要点二：活动前针对幼儿开展安全教育

活动前的安全教育必不可少。确切地说，幼儿园的安全教育需常态化。如防走失、防溺水等安全活动，都需渗透在幼儿一日活动安排中。保教人员还需结合户外活动的内容和场所的具体情况和不同特点，开展有针对性的安全教育内容。如活动需集体乘车前往，就要开展与乘车安全有关的教育内容。

要点三：与家长沟通到位

活动前期，教师需详细告知家长活动地点、活动流程和活动内容，以及有关的温馨提示，提醒家长需要在活动前、中、后期配合完成的注意事项，如：

1. 活动前帮助幼儿准备出行必备品——水杯、吸汗巾、太阳帽、出行所需的适量食物以及适宜的着装等。

2. 活动中时刻关注幼儿的身体所需，如：户外活动时幼儿出汗量大，体内需及时补充水分，体弱幼儿需及时塞吸汗巾或更换内衣。

3. 活动时帮助幼儿解决如厕需求等问题。

4. 家园配合对幼儿进行出行安全指导，如：不擅自离开集体、危险的场所不去等。

5. 注意幼儿的饮食安全，过程中切记不能暴饮暴食。

6. 家长需清楚了解活动前集合与活动后集合的时间和地点。

要点四：做好详细的人员分工

根据园方活动总方案，各相关部门尽快制订和落实本部门可实施的活动计划，保健和保卫部门在整个活动中发挥紧急处理的作用。保健医生需提前准备好常见的保健或外伤处理药品，便于处理活动中人员突发疾病、意外伤害等情况。保卫部门准备指示牌、指示旗和活动工作人员通讯录，便于活动有关人员的联系，保证活动过程的通讯畅通，各环节有序进行。班级教师结合本班实际情况教师制订班级活动计划，在活动前组织家长和幼儿有序列队出行，提前了解活动场地的休息室、卫生间等地的位置分布，以备幼儿有需求时可以及时引导家长和幼儿前往。

要点五：活动中关注每个家庭和幼儿的不同状况

因活动时需要乘车，需如实告知家长活动内容及前往的方式，对于严重晕车和体弱的幼儿，让家长根据活动和幼儿身体的实际情况提前自愿选择是否参加。在活动中如发现幼儿出现身体不适或体力跟不上等情况，需及时给予关注或调整其活动内容。

对每个家庭的情况做到心中有数。在活动的每个环节对于参与人数和结束人数随时进行清点，对有个性需求的家庭及幼儿尽量由工作人员陪同前往保证安全。

（二）问题小贴士

案例描述

美丽的妈妈受伤了

某幼儿园在组织亲子户外活动时，一位美丽的妈妈因为在游戏时穿了内增高运动鞋而不慎扭伤脚踝。王老师在第一时间迅速请保健医生到现场做了紧急冷敷处理，家长的伤情得到了有效的控制。

问题再现 在亲子户外活动中，教师该如何防范孩子和家长在户外活动中受伤呢？

应对策略

（1）活动前提醒家长为了户外活动轻便和安全角度考虑，给幼儿准备的着装是运动衣和运动鞋，陪同家长的服装要求也相同，特别要提醒爱美的妈妈们不能穿高跟鞋或不适宜运动的着装。

（2）班级教师在临出发前仍需仔细检查参与活动所有人员的着装，对不适宜的着装提醒更换。

（3）有条件的幼儿园在组织亲子户外活动时需带上园内保健医生，配备常见跌打损伤的药品，便于活动发生意外时及时处理。

（4）如遇孩子或家长受伤，及时处理好伤情的同时更需要耐心安抚家长或孩子的情绪，加强个别照顾。案例中的教师，在处理好家长的伤情之后，主动陪伴受伤家长的孩子继续参加其他游戏，此举既让受伤家长在孩子游戏期间得到了休息，也没有因为家长受伤而错失孩子游戏的机会，同时也让家长内心得到一丝安慰。

案例描述

乐乐吐了

户外亲子活动中，不少家长都会给孩子准备一大堆零食，乐乐的妈妈也如此。活动中乐乐想干什么想吃什么就随他吧，只要孩子开心就行，小家伙的小嘴一直没停，连小伙伴分享各种美味小吃他也没有放过。终于在参加下午的游戏中，乐乐“哇”的一声，把吃下去的美味全吐了。

问题再现 亲子户外活动时幼儿因进食过多或太频繁导致腹痛、呕吐现象，面对这种情况教师该怎么办？

应对策略

（1）案例中的教师第一时间找到了随行的保健医生，保健医生立刻给乐乐服用了两片健胃消食片，并叮嘱家长喂乐乐喝了点热水，稍事休息，乐乐也很快就缓过来了，原本显得苍白的小脸蛋也慢慢红润起来。

（2）参加幼儿园组织的户外亲子活动，最开心的莫过于孩子们了。和小伙伴们共同分享小零食就是孩子们的一大乐趣之一。在支持孩子学会分享、体验分享乐趣的同时，随行家长或老师需时刻关注孩子的进食量以及食品安全问题。

（3）户外活动时切忌无节制地吃零食，特别是在运动前后，更加不能暴饮暴食。家长需控制孩子合理饮食，这也是保障亲子户外活动有序进行的先决条件之一。

（三）保育小达人

在亲子户外活动抓住培养幼儿自我服务能力的契机，鼓励家长事先和幼儿一起商量、购买和整理出行的各种物品，让幼儿感受主人翁意识。在活动中将幼儿的个人用品交给他（她）自己保管，指导家长在活动中多督促和帮助幼儿收拾整理自己的用品。

外出参观活动

（一）保育工作要点及实操方法

外出参观活动也是幼儿园开展社会实践活动的一项重要教育活动，此类活动一般由园方组织，班级教师带队，家长不参与。因为外出参观活动中的保育工作，基本由带队教师和幼儿共同完成，所以园方和带队教师有责任科学、细心地开展各项保育工作，为幼儿的健康出行保驾护航。

要点一：实地考察制订详细活动方案和保育工作预案

园方负责人或活动组织人员在活动开始前需实地考察活动地点，确保活动地点的安全性。参观目的地路程和沿途街道的状况需提前实地考察可行性，根据幼儿年龄特点、体能情况，作出合理的判断和调整。幼儿如步行前往，步行时间控制在15~20分钟之内比较适宜。沿途尽量避开繁华的车流量或人流量较大的街道和十字路口，避免发生拥堵或碰撞等不安全情况。

活动前制订详细的活动方案和保育工作预案，包括组织相关工作人员了解工作职责和内容，制订切实可行的保育工作预案，针对幼儿的外出需求，如：路线规划、幼儿着装、喝水如厕、集合地点等等内容，提前预设处理方案。外出参观时尽量选择晴天出行。

要点二：活动前针对幼儿开展安全教育

活动前的安全教育必不可少，如开展防止走失的安全教育活动。以游戏的形式引导教育幼儿在任何时候要关注身边小伙伴，如发现小伙伴不见了，需第一时间告知老师并想办法找到他。提高幼儿监护同伴的责任意识和防走失等自我保护的安全意识。

要点三：与家长沟通到位

活动前期，园方需详细告知家长参观地点和参观流程，温馨提醒家长需要在活动前期配合完成的注意事项，如：

（1）亲子共同准备出行必备品——水杯、吸汗巾、太阳帽、出行所需的适量食物以及统一的着装等。

（2）家园配合对幼儿进行自我服务意识的指导，如：根据自己的感觉增减衣物，如自己脱衣有困难，能主动寻求老师或同伴的帮助、不擅自离开集体、记住随行老师的电话、注意饮食卫生等等。

（3）如外出参观时需要乘车，需如实告知家长，对于严重晕车和体弱的幼儿，可适醒家长根据活动安排和幼儿身体的实际情况做出是否愿意参与本次活动的合理决定。

要点四：参观过程中幼儿的列队和工作人员分配

步行参观时幼儿有序列队，队伍前后距离不宜太远，便于教师观察和统一管理。班级教师均匀分布在队伍的前中后三点位。如班级只有两位教师配比，则必需分布在队伍的前后两点位以关注队伍中每名幼儿。园方管理人员巡回在各班级队伍之间，便于随机处理各类突发状况。

要点五：合理安排外出参观时幼儿的如厕、喝水等生活环节

外出参观活动多数是由园方单方面组织，在家长不参与的情况下，活动

组织的责任基本由班级老师承担。班级教师的分工合作则显得尤为重要。如遇个别幼儿内急，则由其中一位教师陪伴其如厕。如大部分或全部幼儿都有如厕需求，三位教师需共同陪伴幼儿如厕。且三位老师需迅速根据参观地公厕的位置大小做出合理位置的安排。三位老师既分工明确，又相互合作。

外出参观活动的时间多数为半天比较适宜，幼儿的喝水环节同样也很重要。从幼儿的食品安全角度考虑，建议在活动前请家长为幼儿准备有背带的水壶,并装满温开水,供幼儿在参观途中自行饮用。如遇个别幼儿自带水不够，教师也需从正规途径帮幼儿寻找安全、可靠的水源，如参观地官方提供的饮用水、正规超市购买的矿泉水等等。

要点六：随时清点幼儿人数，防走失

关注幼儿活动时的情绪，随时清点幼儿人数，班级教师与活动组织者保持联系，随时交流和汇报幼儿人数及活动情况。

要点七：回园后注意清洁整理和饮食环节要求

多数幼儿在回园后会口渴、迫不及待想喝水，需及时提醒幼儿先认真洗手后再喝水。户外参观回来后，较长活动时间的幼儿多数会有出汗现象，好动、易出汗幼儿甚至会出现汗湿、衣物湿透的情况。活动前如有塞汗巾的幼儿，回园后教师需尽快将幼儿的汗巾抽出并及时晾晒；如没有塞汗巾却在出汗的幼儿，可根据当时的气温情况决定是否需要增减衣物；有备用内衣的幼儿可及时更换内衣，以防幼儿因为汗湿衣物受寒、感冒。

（二）问题小贴士

案例描述

走散的参观队伍

初夏的六月，太阳已经有些毒辣。某幼儿园组织大班幼儿外出参观小学，孩子们都穿着自己喜欢的漂亮衣服，像一朵朵鲜艳的小花朵般可爱。刚进学校大门时，突然与户外活动的小学生们汇合在一起了，两群孩子混在一起，让老师们很难辨认。走在队伍最前方的肖老师担心孩子们会走散，大声喊道：“大一班的小朋友看着肖老师，跟着肖老师排好队伍走。”此时，学校的广播声、孩子们的叫声混成一片，孩子们参观的队伍显然有些不受控。此时带队老师紧张忙碌地组织孩子们列队前行着。

问题再现 在外出参观的过程中幼儿的队伍与密集人流发生相混的状况时，有什么小妙招可以化险为夷，使教师组织起来较轻松？

应对策略

1. 外出参观前定制好孩子易辨识的班牌或标记。提醒引导孩子观察、识记班牌外形，在外出参观时由带队老师手持班牌走在队伍最前方起引领作用。

2. 因外出参观时周边环境的不可控因素较多，让孩子穿上统一的园服或服装，戴上帽子等物品，增强幼儿在人群中的辨识度，便于同伴或教师尽快找到或发现幼儿，是预防孩子走散的有效方法。

3. 加强日常的安全教育，外出参观前开展相关的安全教育活动。如:《走失了怎么办？》《豆豆参观记》等。

（三）保育小达人

1. 跟着“小熊”走

组织外出参观活动时，各班教师可以根据实际情况准备一些具有明显特色的标记，如：统一的颜色胸牌、统一的着装帽子、卡通娃娃等，便于教师随时快速地清点人数，甚至发现单独行动的走散幼儿。

2. 安全儿歌伴我行

在乘车或步行途中，教师可组织幼儿唱念安全小儿歌，加强安全教育的同时又能吸引幼儿注意力。

附儿歌：

防走失，我最棒

小朋友，要记牢，不要一人离家园。
放学不是亲人接，一定要和老师说。
遇到生人来问路，不要靠近有礼貌。
生人送礼又热情，坚决拒绝快走掉。

第二部分

PART 2

幼儿园卫生保健工作

第四章
幼儿园卫生保健工作概述

卫生保健工作是幼儿园工作的重要组成部分，不仅关系到全园的各项工作，同时关系到每一位幼儿、教师和家长。幼儿园卫生保健工作，即指导园内合理安排幼儿一日生活，提供合理均衡的营养膳食，科学规范进行卫生消毒，防止和控制传染病在园内传播，为幼儿生活和身心发展提供安全保障。

随着社会的发展与进步，幼儿园卫生保健工作日益受到幼儿园和家长的重视，在幼儿园的作用越来越突出，也注入了新的理念。

一、幼儿园卫生保健工作的概念

幼儿卫生保健是一门研究如何和增进幼儿健康的学科，包括生理学、教育科学、心理学、营养学、预防医学等综合类学科。为促进幼儿生理和心理健康而实施的各种措施都称为幼儿卫生保健工作。而幼儿园卫生保健工作就主要在于注重幼儿的健康教育，提高幼儿的自我保健意识，培养幼儿科学文明的生活习惯，增强幼儿的体质，促进幼儿的身心健康，并且对环境、教学、体育锻炼、食堂、个人卫生进行监督并给予指导。当下，幼儿园卫生保健工作的任务、内容也由过去的单一向复杂、多面发展。幼儿园卫生保健工作的主要任务是贯彻预防为主、保教结合的工作方针，为集体儿童创造良好的生活环境，预防控制传染病，降低常见病的发病率，培养健康的生活习惯，保障儿童的身心健康。

幼儿园卫生保健工作主要包含六方面内容：一是研究幼儿个体的形态、解剖生理特点，并在此基础上研究其生长发育的一般规律以及对幼儿健康的评价；二是研究幼儿心理卫生问题；三是研究幼儿园各项保教工作的卫生问题；四是研究如何调配幼儿膳食营养问题；五是研究幼儿园的设施设备、活动环境卫生安全问题；六是研究如何做好幼儿安全教育工作及疾病的预防和意外事故的处理。

二、幼儿园卫生保健工作的重要性

儿童健康水平是一个国家或地区政治、经济、文化和卫生水平的重要标志之一。世界卫生组织在 20 世纪 80 年代就提出了“儿童的健康，明天的财富”。我国幼儿教育家陈鹤琴先生说过“幼稚园第一要注意的是儿童的健康”，他认为：“健全的身体是一个人做人、做事、做学问的基础。强国必先强种，强种必先强身，要强身先要注意幼年的儿童。”《纲要》也明确指出：幼儿园必须把保护幼儿的生命和促进幼儿的健康放在工作的首位。

幼儿园保健工作的对象是 3~6 岁幼儿，他们正处于生长发育的关键时期，其生长发育迅速但身体尚未发育完善，适应环境的能力和对疾病的抵抗力不足，容易受外界各种因素的干扰，从而影响幼儿的身体健康。所以，幼儿园必须通过卫生保健工作，科学合理安排幼儿的一日生活，保证供给幼儿均衡的营养膳食，加强体格锻炼，养成幼儿良好的生活卫生习惯，落实扎实有效的防病措施等，才能更有利于幼儿的健康成长。卫生保健工作对于一所幼儿园来说有着重要的作用和影响，幼儿园要重视起幼儿园内卫生保健工作的顺利开展实施，保障幼儿能在一个卫生、健康、优异的环境下学习、生活。

三、幼儿园卫生保健工作的原则

为贯彻落实《托儿所幼儿园卫生保健管理办法》《托儿所幼儿园卫生保健工作规范》和《幼儿园工作规程》文件精神，加强幼儿园卫生保健工作，切实提高幼儿园卫生保健工作质量，幼儿园卫生保健工作应当遵循以下原则：

（一）科学管理

幼儿园卫生保健工作必须加强组织领导，健全各项卫生保健制度，使其权责明确，形成纵横交叉管理的网络群，保证这项工作的真正开展和落实。为保证工作的有序有效开展，还需成立专项工作小组，如卫生检查小组、膳食管理小组、安全检查小组等，将重点工作与常规工作紧密结合起来，定期对各班级的每日常规、卫生、消毒等工作进行指导和督促。把日常工作检查与考核紧密结合，完善管理机制，提高教职工的自律意识，统一步调，有效发挥卫生保健作用。

（二）协调合作

卫生保健工作综合性强，涉及全园各个工作岗位，关系到每一位幼儿、每一位老师、每一位家长。从创设良好的生活环境，到建立科学的生活制度；从提供科学的营养膳食，到幼儿、教职工的健康检查；从开展各项体格锻炼到幼儿生活中的安全教育；等等，都离不开卫生保健工作的指导和监督。只要卫生保健工作的某方面稍有疏忽，就可能给幼儿带来不利的影响。因此，幼儿园所有工作人员都应严格执行幼儿园卫生保健各项制度，各部门要协调一致，相互配合共同做好幼儿园卫生保健工作。

（三）持久渗透

幼儿园的卫生保健工作关系到幼儿的成长，教师应该把保护幼儿健康的卫生保健工作渗透到幼儿一日活动的各个环节，促进幼儿全面和谐的发展。幼儿健康包括的内容很多，有身体方面、心理方面、社会适应方面等。幼儿园的卫生保健工作并不是一朝一夕的努力就能达到目标的，它需要幼儿园的全体人员点点滴滴的积累，需要幼儿园的全体人员坚持不懈的努力。在幼儿园工作的每天、每时、每刻，每一位幼儿园的员工都要有卫生保健意识，从而使“规范成习惯”，让“习惯成自然”。

四、幼儿园卫生保健工作内容

《规程》明确指出：幼儿园必须切实做好幼儿生理和心理卫生保健工作。应当严格执行《托儿所幼儿园卫生保健管理办法》以及其他有关卫生保健的法规、规章和制度；严格按照《托儿所幼儿园卫生保健工作规范》开展卫生保健工作。主要包括以下内容①：

1. 根据儿童不同年龄特点，建立科学、合理的一日生活制度，培养儿童良好的卫生习惯；

2. 为儿童提供合理的营养膳食，科学制订食谱，保证膳食平衡；

3. 制订与儿童生理特点相适应的体格锻炼计划，根据儿童年龄特点开展游戏及体育活动，并保证儿童户外活动时间，增进儿童身心健康；

4. 建立健康检查制度，开展儿童定期健康检查工作，建立健康档案；坚持晨检及全日健康观察，做好常见病的预防，发现问题及时处理；

5. 严格执行卫生消毒制度，做好室内外环境及个人卫生。加强饮食卫生管理，保证食品安全；

6. 协助落实国家免疫规划，在儿童入托时应当查验其预防接种证，未按规定接种的儿童要告知其监护人，督促监护人带儿童到当地规定的接种单位补种；

7. 加强日常保育护理工作，对体弱儿进行专案管理；配合妇幼保健机构定期开展儿童眼、耳、口腔保健，开展儿童心理卫生保健；

8. 建立卫生安全管理制度，落实各项卫生安全防护工作，预防伤害事故的发生；

9. 制订健康教育计划，对儿童及其家长开展多种形式的健康教育活动；

10. 做好各项卫生保健工作信息的收集、汇总和报告工作。

五、幼儿园卫生保健工作人员职责

幼儿园的卫生保健工作是幼儿园不可缺少的部分，具有很强的专业性和指导作用，需要有专业人员分工协作来负责完成，结合《托儿所幼儿园卫生

---

① 中华人民共和国卫生部、教育部．托儿所幼儿园卫生保健管理办法 [Z].2010-09-06.

保健管理办法》和《幼儿园工作规程》规定，其主要工作人员职责如下：

（一）保健医务人员工作职责[①]

1. 在园长领导下，按保健业务部门要求，做好全园的医疗卫生保健工作，制订全年卫生保健计划和总结全年卫生保健工作。管理好保健室药品及医疗器械，有出入库登记、使用记录及消毒保质期记录。

2. 做好幼儿及教师的健康检查，认真做好晨午检及全日观察，做好患病儿童的管理工作，负责幼儿的计划免疫工作。

3. 负责幼儿园的营养膳食管理，制订带量食谱，进行营养分析，指导炊事人员做好膳食卫生。

4. 负责指导园内的卫生消毒工作，杜绝传染病的发生，发生传染病后能积极配合卫生防疫部门做好消毒隔离检疫。

5. 负责幼儿小伤小病的诊治，常见症状的处理，对患病幼儿进行留园观察，并及时通知家长，有执业医师（士）资格的医务人员可行使处方用药权和进行医疗效服务。

6. 做好园内的健康教育工作，定期给保教人员、炊事人员、家长进行知识讲座，宣传科学育儿知识。负责保教人员的卫生保健知识考核。

7. 督促检查园内的安全卫生。

8. 负责幼儿的体格发育测量、评价。

9. 负责保健台账的填写管理及信息反馈、统计分析。

（二）卫生保健人员工作职责

1. 在科室负责人的带领下，按保健业务部门要求，做好全园的卫生保健工作。

2. 严格执行幼儿入园及定期健康检查制度，做好全园儿童的体格发育测量及评价工作。

3. 按晨检要求，认真做好晨检工作，控制传染病的续发率。

4. 负责指导班级的各项卫生消毒工作，并做好督促检查及记录。

---

① 黄欣欣．托幼机构卫生保健实用指南 [M]. 江苏教育出版社，2010：24.

5. 负责指导和监督园内环境卫生工作，定期检查工作落实情况。

6. 做好传染病管理工作，发现传染病要早隔离、早报告。做好传染病发生班级的消毒、隔离、检疫工作。

7. 负责幼儿伤病的诊治、常见症状的处理。对突发事件要能及时地救护处理。

8. 严格执行幼儿园内喂药制度，认真核对，确保无误。

9. 负责做好体弱儿的指导管理工作。

10. 关心全园教职工身体健康，做好每年教职工的体检工作。

11. 做好健康教育宣传工作，定期组织教职工学习卫生保健知识，利用网站、宣传栏按季节向家长及教职工宣传卫生防病知识。

12. 认真填写各种保健工作登记，积累资料，做好各种统计分析。

幼儿园卫生保健人员配备应是按 1∶150 比例配足配齐的，但目前许多幼儿园卫生保健人员还未配足到位，甚至只有一名卫生保健人员，这种状态下这名卫生保健人员就要充当多面手，要完成以上不同分工的卫生保健人员的工作任务，由此更可见幼儿园卫生保健工作也是非常艰巨的。

第五章
幼儿常见传染病的早期发现与预防

自然环境中有许多的致病微生物，传染病就是由病原微生物引起的，能在人与人、人与动物或者动物与动物之间互相传染。传染病原携带者称为传染源。传染病传播途径有很多，如空气、飞沫、饮食、日常生活接触、母婴、虫媒、医源性等。幼儿园是人群密集场所，幼儿是传染病的易感人群，稍有疏忽则容易引起各种传染病的发生和流行，因此，积极预防、发现和处理传染病是托幼机构的一项重要工作。

传染病并不可怕，只要我们遵循科学防治、依法管理、健康第一、严格管控、措施到位、家园联防、园医联控的原则做好防控工作，就可以有效地控制各种传染病的发生和蔓延。具体措施有：

第一，控制传染源。树立“早发现、早报告、早隔离、早治疗”的思想。教职工及幼儿每日要进行健康情况日报告，入园时均需进行体温测量，正常方可入园，幼儿园要加强晨午检及全日观察，做好教职工和幼儿因病缺勤登记及追访。班级发生传染病后，第一时间需要做到的是隔离患病儿，并向保健室报告，卫生保健人员要指导该班保教人员进行医学检疫、消毒，并及时向上级卫生行政部门报告。患传染病幼儿痊愈后，需持有效的医院痊愈证明经保健医生检查后方可进班；来自传染病爆发疫区或有传染病接触史的教职工及幼儿要等检疫期过后无异常方可入园。

第二，切断传播途径。幼儿园每日要加强园内所有场所及物品的预防消毒，做好园内垃圾分类管理，教育幼儿养成良好的卫生习惯，勤洗手，学会正确佩戴口罩，利用宣传栏、微信公众号、班级群等方式做好传染病的防控知识宣传工作，要求家长早晚在家做好孩子健康的自查，提醒家长不要带孩子到人多密集的公共场所，不要与患病儿接触，避免交叉感染。

第三，保护易感人群。合理安排幼儿一日生活，加强体育锻炼，科学制定幼儿膳食，确保食物多样，营养均衡，严格做好新生入园免疫预防接种证查验工作。

一、流行性感冒

流行性感冒简称流感，是由流感病毒引起的急性呼吸道传染病，流感病人是主要传染源，通过咳嗽、喷嚏等传播病毒，经呼吸道感染他人。人对流感普遍易感。此病传染性很大，四季均可流行，其流行特点是突然发病，迅速蔓延，但流行过程较短，一般多流行于冬春季。

（一）症状表现

流行性感冒的潜伏期为 1~2 天。通常多以畏寒、发热急性起病，伴有头痛、腰部和四肢酸痛、眼球结膜及咽部充血等，还可出现恶心、呕吐、腹泻等消化道症状。发热经三五天可退热，一般可持续 1~2 周，症状缓解。

（二）预防要点及实操方法

要点一：保持室内的空气流通，传染病流行期间，让家长不带幼儿到人员密集的公共场所，外出戴口罩。

要点二：加强平日锻炼，保证充足的水分、睡眠和营养，天气变化及时给幼儿增减衣服。

要点三：指导家长带幼儿进行流感疫苗接种。

要点四：注意个人卫生，勤洗手，做到入园后、进食前、如厕前后、从户外进入室内、接触污渍后、擤鼻涕后、打喷嚏用手遮掩口鼻后、手弄脏后等要洗手。

要点五：流感患儿应隔离1周或待主要症状完全消失后开具医院痊愈证明方可入园。

（三）问题小贴士

案例描述

双胞胎都感冒了

大三班有一对可爱的双胞胎姐妹，晨间入园时家长与陈老师交谈：“姐妹俩昨晚睡觉时踢了被子，可能有点着凉，妹妹早上起来说头晕，但没有发热。”早操过后，妹妹显得有些没精神、浑身没劲，陈老师用手摸了摸妹妹的额头，有明显发热症状，于是在第一时间送妹妹去了医务室。午餐过后，姐姐也开始发热，还伴有轻微咳嗽症状。这下陈老师有些担心了，姐妹俩一前一后发热，会不会是流感来袭？

问题再现 流感和普通感冒症状相似，非医学专业的老师很难通过观察孩子的体表症状来区分两种感冒，如何能准确地区分流感和普通感冒？

应对策略

要想准确区分流感和普通感冒，首先必须要了解流感和普通感冒的典型症状。虽然幼儿园教师没法做到和专业医护人员一般准确无误，但通过观察幼儿的主要体表症状，也能基本做出判断，避免在幼儿和家长之间引起不必要的恐慌。普通感冒常为低热，患儿会有喷嚏、鼻塞、咽喉痛等症状，发病速度为渐进缓慢，且普通感冒一年四季都有可能发生。而流感常为急性高热，体温可达39℃～40℃。患儿会表现出头痛、寒颤、全身痛、浑身乏力、肌肉酸痛、咽喉痛、剧烈咳嗽、耳痛等明显症状，且发病急骤，一般在春冬季节常见。（详见表5.1）

表 5.1　区分流感与普通感冒

	流感	普通感冒
病原体	流感病毒	鼻病毒、冠状病毒
流行	易引起暴发流行或大流行	多为散发
症状范围	全身性	局部（鼻腔和咽喉）
发病速度	急骤	渐进
发热	高热（>38℃）	常为低热
临床表现	头痛、寒颤、肌肉痛、咳嗽和咽喉痛、耳痛	喷嚏、鼻腔充血、鼻塞、咽喉痛
严重程度	全身虚弱	轻
病程	全身不适 1~2 周	康复快
并发症	严重如：肺炎、中毒性休克综合征	轻

（四）保健小达人

在流感频频高发的季节，虽然我们不能制服它，但我们还是有预防和缓解症状的办法：

1. 冷水洗脸、热水泡脚，有助于提高身体抗病能力。

早起，用冷水洗脸好处很多，冷水的刺激可以加强孩子面部的血液循环，保持皮肤的光泽与弹性。冷水洗脸对脑神经有兴奋作用，可使人头脑清醒、精神振奋，既可增强耐寒能力，锻炼意志，又可预防感冒和冻疮。每晚睡前用热水泡脚，可促进全身血液循环，驱走身上的寒气。

2. 用盐水漱口。

病毒和细菌主要存在于口腔和咽部，盐水可以杀灭细菌和病毒。经常含漱盐水能预防流感和感冒，特别是在周围已经出现患病者的时候，即使染病后，用盐水漱口也能促进康复。

3. 多喝热的姜汤。

从中医学来看，冬季感冒多是外感风寒型，姜有驱寒暖风的作用，可以预防流感。

4. 平时多吃富含维生素 C 的绿叶菜和水果。

苋菜、芹菜、西兰花、黄瓜、橙子、猕猴桃、小番茄等蔬果应多补充，通过摄取足够的营养来提高自身免疫力。

二、麻疹

麻疹是一种由麻疹病毒引起的急性出疹性传染病，具有高度传染性。病人是唯一的传染源，通过喷嚏、咳嗽、说话等直接由飞沫传播，多见于冬春季节。

（一）症状表现

麻疹的潜伏期为8~14天不等，一般为10~12天。开始如感冒，发烧体温在38℃ ~39℃，有咳嗽、喷嚏、眼红多泪、畏光症状。发病2~3天后，颊黏膜近磨牙处可见白色小点，周围绕以红晕，即科氏斑，随后出现皮疹，从耳后部到颜面、胸背、四肢、手足心。疹间皮肤正常，疹退后留下色素沉着及脱屑，病程约10天。（见图5.1）

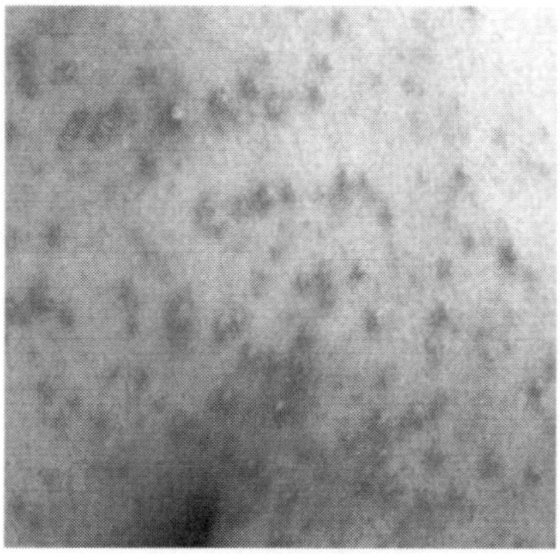

图5.1 麻疹症状

（二）预防要点及实操方法

要点一：卫生保健人员在新生入园时要做好幼儿预防接种的查验工作，指导家长按程序做好预防接种。

要点二：患儿居家隔离，对与患儿有接触史的幼儿应检疫观察3周。

要点三：室内通风，保持空气新鲜，教寝室每日紫外线照射一小时。

要点四：在传染病流行期间，不到人多拥挤的公共场所。

要点五：培养幼儿良好的卫生习惯，打喷嚏或咳嗽时应掩口鼻，打喷嚏后立即用正确的方法洗手，保持双手清洁。

（三）问题小贴士

案例描述

妈妈，我好难受

西西刚满两周岁时，就患了一次麻疹。发病初期除了发热没有任何其他症状，吃了药打了针也不见退热。整整三天，西西说的最多的一句话就是：“妈妈，我好难受”。听着他喊难受，西西妈妈也跟着揪心。直到第三天晚上，西西妈妈在给孩子擦身体时发现孩子背部出了一些小红疹，发出红疹后第二天，就开始退烧了。

问题再现 当孩子患了麻疹，最重要的就是治疗，其次就是家长的护理了，那么我们该如何护理呢？

应对策略

在照顾麻疹患儿时，房间内要定期通风，患儿避免直接吹风，防止受凉。要嘱咐患儿多喝水，吃易消化的食物，少量多餐为宜，情况好转时要渐渐增加营养，同时要做好患儿眼、鼻、口腔的护理。

（四）保健小达人

因为麻疹是一种粘膜炎症，出麻疹期间孩子的分泌物会增多，同时会出现畏光、眼分泌物增多、鼻塞、口腔出现粘膜斑等症状，故麻疹患儿加强五官的护理有助于身体的恢复。具体方法为：

1. 室内光线要柔和，避免强烈光线刺激病儿的眼睛，常用生理盐水清洗双眼，再滴入抗生素眼液或眼膏，可加服维生素 A 预防干眼病；

2. 防止呕吐物或泪水流入外耳道发生中耳炎；

3. 及时清除鼻痂、翻身拍背助痰排出，保持呼吸道通畅；

4. 加强口腔护理，多喂水，可用生理盐水含漱口。

三、水痘

水痘是由水痘带状病毒初次感染引起的一种传染性极强的出疹性疾病。主要发生在婴幼儿和学龄前儿童，水痘病人是主要传染源，病毒通过飞沫传播，亦可通过直接接触感染。本病多发生于冬春季。

（一）症状表现

水痘的潜伏期为 12~21 日，平均 14 日。在皮疹出现前 24 小时可呈现前驱症状，如轻、中度发热，不适、厌食等，幼儿常无前驱期。水痘的皮疹特点通常是分批出现红色斑疹或斑丘疹，迅速发展为清亮、圆形、露珠状小水疱，周围有红晕，经 24 小时后，水疱的内容物变混浊，水疱容易破溃，疱疹持续3~4天，然后开始干缩，结痂，在疾病高峰期可见到时丘疹、新旧水疱和结痂同时存在；皮疹呈向心性，开始为躯干，以后至面部、头皮，四肢远端较少，瘙痒感重；若无继发感染，水痘结痂脱落后不留疤痕。（见图5.2）

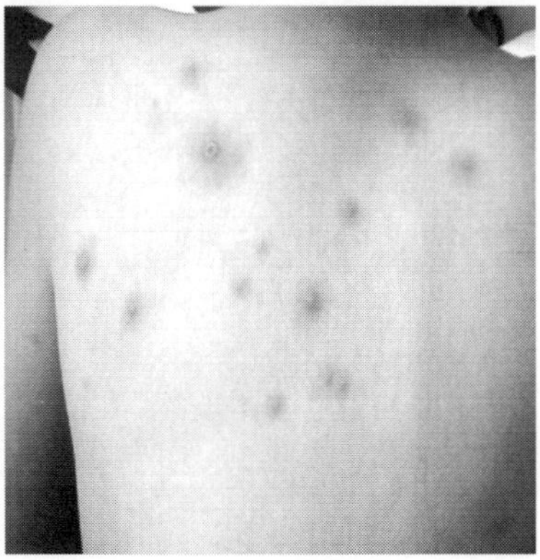

图5.2　水痘症状

（二）预防要点及实操方法

要点一：接种水痘疫苗，可预防疾病发生或发病时症状的减轻。

要点二：水痘患儿要立即隔离。对与患儿已有接触史的幼儿应医学检疫21天，检疫期间要密切观察幼儿的体温、精神状态和身上是否出现皮疹。

要点三：要加强对空气和物品的消毒，做好班级、家居传染病的常规预防工作。每天用1∶200的84消毒液对班级桌椅、地面、门把手等处进行擦拭消毒，擦手巾和擦嘴巾每日蒸汽消毒15分钟。

要点四：培养幼儿日常良好的卫生习惯，讲究个人卫生。饭前便后、外出后要用肥皂或洗手液洗手，不喝生水，不吃生冷的食物。

（三）问题小贴士

案例描述

水痘患儿的护理措施

上课的时候，张老师发现一向很安静的瑶瑶坐在位置上扭来扭去，于是张老师先是用眼神来向瑶瑶示意，让她坐好。可是瑶瑶还是不安地动来动去，还用手在身上这里抓抓，那里挠挠。下课后，张老师马上来到瑶瑶身边关切地询问："瑶瑶，你怎么了，是不是哪里不舒服？"不料瑶瑶哇的一声哭了起来："老师，我背上好痒，我去挠了可是挠不到。"张老师马上解开她的衣服一看，背上长了好几个红色的疱疹。张老师怀疑是水痘，她一边安慰哭泣的瑶瑶，将她送去医务室，一边马上通知瑶瑶妈妈速来幼儿园。

瑶瑶妈妈听保健医生初步诊断为水痘后，心里特别害怕，因为她小时候得过水痘，而且皮肤上留了疤痕一直都没有好。她怕瑶瑶也会这样，非常担心。

问题再现 如果孩子得了水痘，家长不要过于恐慌，大多数水痘患儿可以在家隔离治疗。只要护理得当，注意皮肤清洁，也可能不会留下疤痕。那么在家隔离治疗期间家长应该如何护理呢？

应对策略

1. 环境方面：注意室内温度和湿度，避免过冷着凉，过热导致出汗，影响皮疹修复，甚至造成感染。定时开窗通风，患儿的衣物、被褥、毛巾、餐具、玩具都要根据情况分别采取洗、晒、烫煮、烧等方式进行彻底地消毒。家里有其他孩子的，也要避免与其接触，以防被传染。

2. 皮肤护理：水痘是比较痒的，所以多数孩子不自觉会搔抓，建议给孩子剪指甲，甚至可以戴手套，穿宽松的衣服，避免抓破水痘后引起感染，可以为孩子交替外涂阿昔洛韦软膏和炉甘石洗剂。

3. 饮食方面：要注意清淡饮食，避免辛辣的刺激性食物，同时注重营养合理搭配。

4. 观察宝宝病情发展变化，皮疹的多少不代表病情的轻重。首先观察的是体温，体温大于38.5℃，或孩子因发热很不舒服，可以给予退热治疗，记住一定不要应用激素治疗，否则会造成感染扩散，引起严重的并发症。其次观察孩子精神状态、饮食情况，是否有嗜睡、呕吐等症状。如果孩子精神不好，饮食差，甚至出现呕吐，建议及时到医院就诊。

（四）保健小达人

对于水痘患儿，家长们要进行全方位的护理，特别是在饮食方面要注意；让孩子们能够更快地康复，远离疾病的困扰。水痘患儿饮食上尽量选择清淡饮食，吃流质和半流质、易消化的食物，多吃蔬菜水果等富含维生素多的食物。要忌吃以下食物：

1. 忌发之物：食用发物后会使水痘增多、增大，从而延长病程，故疾病初期禁食发物，如芫荽（香菜）、酒酿、鲫鱼、生姜、大葱、羊肉、雄鸡肉、海虾、鳗鱼、南瓜等。

2. 忌食辛辣之物：辛辣之品可助火生痰，使热病更为严重，如辣椒、辣油、芥末、咖喱、大蒜、韭菜、茴香、桂皮、胡椒等。

3. 忌油腻之物：水痘患儿常因发热而出现食欲减退、消化功能不良等情况，故忌食油腻之物，如油煎炸的麻球、巧果、麻花、炸猪排、炸牛排、炸鸡等各种油腻碍胃之品，这类食品难以消化，会增加胃肠道的负担。

4. 忌热性食品：水痘的治疗宜用清热解毒为主，故食物中属热性的不可服用，这类食品有狗肉、羊肉、鹿肉、雀肉、蚕豆、蒜苗、韭菜、龙眼肉、荔枝、大枣、粟米等。

四、流行性腮腺炎

流行性腮腺炎是由腮腺炎病毒引起的急性呼吸道传染病。通过直接接触、飞沫、唾液污染食具和玩具等途径传播，一年四季都可流行，以冬末春初多见。感染本病后可获终身免疫。

（一）症状表现

流行性腮腺炎通常潜伏期为14~25天，平均18天。在发病初期传染性最强。多数患儿无前驱症状，少数可表现为发热、头痛、肌痛等。腮腺肿大常是腮腺炎首发体征，一般一侧先肿2~3天后，对侧腮腺亦出现肿大，有时肿胀仅为单侧，腮腺肿大可同时有颌下腺肿大，或仅有颌下腺肿大而无腮腺肿大。腮腺肿大的特点是以耳垂为中心，向前、后、下扩大，边缘不清，触之有弹性感，有疼痛及触痛，表面皮肤不红，有灼热感，张口、咀嚼特别是吃酸性食物时疼痛加重。肿痛在3~5天达到高峰，一周左右消退，持续7~10天。

（二）预防要点及实操方法

要点一：督促家长按时带幼儿做好预防接种。

要点二：患儿隔离至腮腺肿胀完全消退，有接触史的幼儿检疫观察三周，注意观察幼儿有无发热、单侧或双侧腮腺有无肿痛，有疑似患者要立即隔离。

要点三：在春季传染病流行季节，不要带孩子到人群多的地方去，更不要到腮腺炎病人家串门。

要点四：保健人员及班级老师要加强晨、午检及全日观察，做到早发现、早报告、早隔离、早治疗。

要点五：做好班级传染病常规预防消毒工作，班级每天开窗通风，教寝室每日用紫外线灯照射1小时。

（三）问题小贴士

案例描述

腮腺炎太可怕了

明明因不明原因发热去医院就诊，医生观察到他微微肿起的脸确诊为腮腺炎。明明妈妈第一时间电话联系刘老师请病假，并如实告知孩子病情。刘老师本着负责任的态度，在第一时间告知了家长班级中出现了一例腮腺炎病例。这一消息无疑像个炸弹，瞬间在家长中间“爆炸”开来。大部分家长纷纷私信刘老师要请假，都担心自家孩子在幼儿园被传染。剩下几位因自身工作原因坚持送孩子入园的家长，也纷纷表示：“我们中午就来接孩子回去，就不在幼儿园午睡了。”

问题再现 腮腺炎的传染性到底有多强？面对家长的担忧，教师该如何做好家长工作？

应对策略

流行性腮腺炎确实存在传染性，多数以儿童和青少年为高发人群，在发病初期传染性最强。患者病情如果没有得到有效的救治，除了造成腮腺病变以外，还可能会导致其他器官的损伤。该病情主要通过呼吸道飞沫途径传染，人群普遍容易被传染。不过腮腺炎为自限性疾病，患者在感染后一般可以获得较持久的免疫力，极少有第二次发病的情况。

案例中教师和家长的做法是完全正确的。患儿家长和教师在第一时间告知班级家长这一情况，完全出于对班级其他孩子负责任的态度。首先，科学宣传该病情的真实性，指导家长不跟风、不盲从。在告知家长这一情况的同时，仍需告知下一步班级在预防传染时会采取的措施，如加强孩子入园时的晨检排查、入园后的卫生消毒等工作，将每日采取的防范、消毒措施做好详细记录并及时更新，粘贴在家园联系栏中，增进工作透明度，家长才能放心把孩子送来园，也能避免因传染性疾病在幼儿和家长之间引起不必要的恐慌。

（四）保健小达人

孩子得了腮腺炎，因为腮腺肿胀疼痛，尤其是张口咀嚼的时候，疼痛会更加明显，所以家长在饮食方面要特别注意：最好给孩子吃一些流质或者半流质的食物，如稀饭、软面条、蔬菜水果泥，多喝点温开水，不要吃鱼、虾、蟹等易发的食物，更不要吃辛辣刺激的食物，可以给孩子吃清热解毒的食物，比如说绿豆汤、萝卜汤等，避免吃酸性的食物，因为酸性的食物会增加腮腺的分泌。

五、手足口病

手足口病是肠道病毒引起的常见传染病之一，多发生于 5 岁以内的婴幼儿。患者、隐性感染者和无症状带毒者均为该病流行的主要传染源。主要是通过人群间的密切接触进行传播的，手足口病四季均可发病，但流行的高峰期是春夏和夏秋季，一般在发病后一周内传染性最强。

（一）症状表现

手足口病的潜伏期一般为 2~7 天，没有明显的前驱症状，多为突然发病，约半数病人于病前 1~2 天或发病的同时有发热，体温多在 38℃左右。1~2 天内手、脚和口腔内出现疱疹，口腔疱疹可发生在口腔黏膜的任何部位及咽、舌和牙龈处，疱疹破溃后形成溃疡。较大的孩子常诉口腔和咽喉疼痛，较小的孩子表现为哭闹，拒食，流口水。手和脚上的疱疹多出现在手掌、脚掌和手指、脚趾间的皮肤上。有时肘部、整个下肢甚至到臀部周围都可出现疱疹，疱疹最初为米粒大小的红疹，很快在红疹的顶部形成小水疱。这些水疱疹的形态比水痘疱疹小，多数感染者症状轻微，可自然痊愈，病程约为 7~10 天。（见图 5.3）

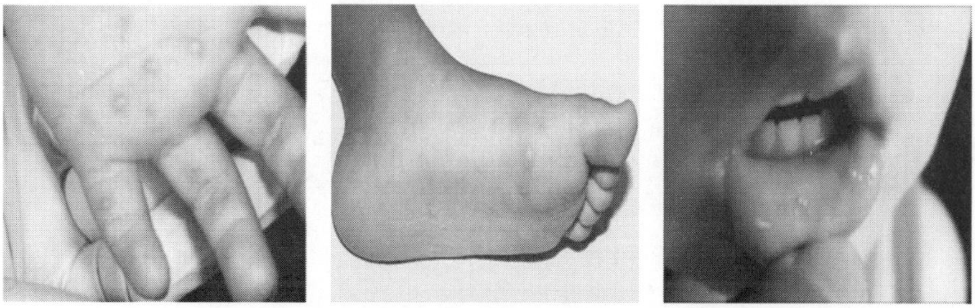

图 5.3　手足口病的症状

（二）预防要点及实操方法

要点一：手足口病高发期要加强晨午检及全日观察，做到早发现、早报告、早隔离、早治疗，避免疾病的蔓延扩散。

要点二：患儿在家隔离至症状消失后一周，与患儿接触的幼儿需医学检疫观察两周。

要点三：患儿所在班级要检疫期间不参加园内的集体活动，与其他班级错开户外活动时间。

要点四：教育幼儿养成良好的卫生习惯，避免用手触摸眼睛、鼻、口，勤洗手。

要点五：在流行期间，家长不带幼儿到人多拥挤的公共场所，注意室内通风。

（三）问题小贴士

案例描述

多变的手足口病

每天早上孩子入园时，保健室的医生都会给孩子进行晨检，看看孩子的身体、手、足、口腔有无异常。这天早上，妍妍的妈妈早早就带着妍妍上幼儿园，妍妍来到保健医生的面前伸出小手发现有少数的红色疱疹，再让她张开小嘴发现口腔中也有水疱，医生怀疑是手足口病，于是请妍妍妈妈带妍妍到医院去检查。可是妍妍妈妈不太配合，她告诉保健医生，妍妍在小时候曾经得过手足口病，她觉得应该不可能再次感染。保健医生委婉地告诉妍妍妈妈：这是不一定的，没有证据表明得过手足口病的孩子就不会再次感染，为了孩子的身体健康，还是去医院检查更放心。妍妍妈妈当天就带着孩子去了医院检查，结果出来以后，果然妍妍还是感染了手足口病。

问题再现 案例中像妍妍这种情况相信也有别的家长遇到过，孩子曾经得过手足口病，还会再次感染手足口病毒吗？如何才能迅速及时地发现手足口病患儿呢？

应对策略

1. 有些家长认为孩子以前得过手足口病，以后就不会再被传染了。其实并不是这样，目前发现有20多种病毒可能会导致手足口病的发生，比如说孩子这次得过EV71病毒引起的手足口病，下次有可能还会得柯萨奇病毒导致的手足口病。虽然孩子在感染手足口疾病后，对这次感染的病毒有相对的免疫力，但是对其他病毒没有免疫力，所以还是有得病的可能。

2.“三个四”帮助家长揪出手足口病：病毒主要侵犯手、足、口、臀四个部位；“四不像”，不像蚊虫叮咬，不像药物疹，不像口唇牙龈疱疹，不像水痘；“四不特征”，不痛、不痒、不结痂、不结疤。

（四）保健小达人

孩子患手足口病后会因口腔疼痛而拒食、流涎、哭闹不眠等，所以家长们要注意保持宝宝口腔清洁，饭前饭后用生理盐水漱口，对不会漱口的宝宝，可以用棉棒蘸生理盐水轻轻地清洁口腔。也可将维生素B_2粉剂直接涂于口腔糜烂部位，或涂鱼肝油，亦可口服维生素B_2、维生素C，辅以超声雾化吸入，以减轻疼痛，促使糜烂早日愈合，预防细菌继发感染。

六、猩红热

猩红热是由乙型溶血性链球菌所引起的急性呼吸道传染病。主要通过空气飞沫直接传染，也可由带菌的玩具、生活用品等间接传播。本病易感者为2~8岁儿童，一年四季都可发生，一般多发于冬春季。

（一）症状表现

猩红热潜伏期通常为2~5天，起病急骤，发烧、咽痛、头痛、呕吐为早期症状，之后1~2天全身皮肤发红、瘙痒，并广泛分布着针尖大小的皮疹，疹与疹之间皮肤发红，无正常皮肤，压之暂褪色；在肘弯、大腿根等皮肤皱褶部位，皮疹密集呈现一条条红线；口唇周围不出皮疹而显苍白，形成一个围绕口周的苍白圈。病后2~3天，舌乳头肿大突出，像杨梅，故也叫“杨梅舌”，2~4天退净，体温逐渐下降，疹退后脱皮。（见图5.4）

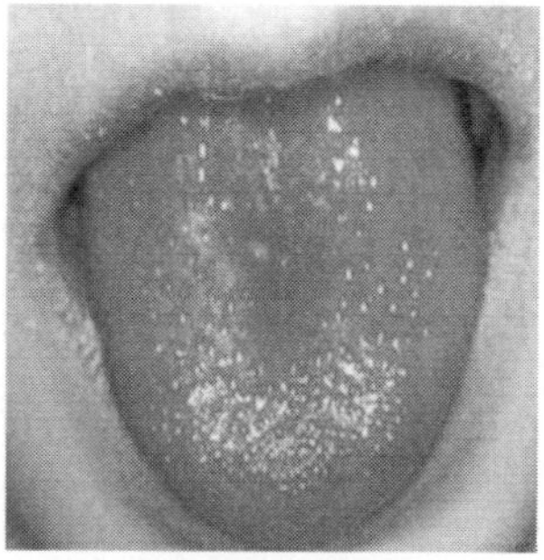

图5.4 杨梅舌

（二）预防要点及实操方法

要点一：对患儿进行隔离，与患儿接触过的幼儿医学检疫观察 12 天，如有发热症状，应暂时隔离。

要点二：做好班级传染病常规预防工作。每日对教寝室、厕所、桌椅、床、门把手、玩具等物品进行消毒。

要点三：帮助幼儿养成咳嗽、打喷嚏时捂嘴巴的习惯，在人群密集的地方，可戴口罩防止吸入带有病毒的飞沫。

要点四：培养幼儿良好的饮食习惯，加强体育锻炼，增强抵抗力。

（三）问题小贴士

案例描述

老师，我发烧了

户外活动时，向来活泼好动的东东正在和小朋友们愉快地玩耍。突然他停下所有的动作，自己走到操场旁边的阴处坐下。老师关切地询问东东怎么了，东东回答："老师我头痛，好像发烧了。"老师蹲下身看了看东东的脸，微微有些泛红，摸摸他的额头，确实有明显发热。老师再次追问："你有哪里不舒服吗？""头晕。"说罢还有些想呕吐。老师立即将东东送到保健室，保健医生发现孩子的舌头也有些红，立即通知家长将孩子送往儿童医院。经过医生的专业诊断，东东被确诊为猩红热。

问题再现 幼儿园的孩子多，出现的问题也多，有些病的特征和感冒很相似，发病初期我们该如何辨认猩红热的症状呢？

应对策略

教师要提高对猩红热疾病症状的了解。任何时候只要孩子出现了突发性发热、头晕、呕吐、乏力等症状，都不能当普通感冒处理，需以最快的速度送医院就诊。确诊了猩红热也无需太过紧张，按医生的嘱咐科学地进行治疗尤为重要。确诊后的患儿需单独隔离 1 周。活动室的所有物品都需清洗、消毒和暴晒，班级活动室也需进行全面消毒杀菌。同时，老师还需密切观察班级其他孩子是否会出现类似症状。

（四）保健小达人

猩红热患儿出疹时皮肤瘙痒，这不但影响患儿休息，如果被抓破，还会引起皮肤感染。家长们在护理宝宝时要将患儿的指甲剪短，用温水擦洗皮肤，帮助止痒。注意出疹时勿用肥皂，脱皮时不要用力搓或撕剥，以免皮肤损伤感染。

七、急性结膜炎

急性结膜炎俗称红眼病，是由病毒或细菌引起的急性传染性眼部疾病。传染性强，春夏季多见，可通过日常生活接触传播。

（一）症状表现

患儿自觉眼内有异物感、灼热感、怕光、轻微疼痛或流泪，眼睛因结膜充血而变红，并且有多量黏性或脓性分泌物。

（二）预防要点及实操方法

要点一：平时注意培养幼儿良好的卫生习惯，用正确的方法洗手，教育幼儿不要用脏手揉眼睛，不要用脏的手帕毛巾擦眼睛，以免将细菌带入眼睛内。

要点二：通过生动有趣的教育活动，帮助幼儿懂得保护眼睛的重要性和掌握一些简单保护眼睛的方法。

要点三：做好班级的卫生清洁消毒工作。擦手巾和擦嘴巾每日蒸汽消毒15分钟，蒸汽消毒时，被蒸物品应疏松放置。

（三）问题小贴士

案例描述

和红眼病人对视会被传染吗？

午睡起床后，凡凡走到老师身边，轻轻对王老师说："王老师，我告诉你一个秘密。"他边说边用小手拉拉王老师的衣服角示意王老师听他说话。王老师蹲下身靠近了凡凡，他凑在王老师耳边轻轻说："我好像没睡醒，眼睛都睁不开了。”王老师仔细看了看他眼睛，确实有点红，于是对着凡凡的两只眼睛吹了吹，问：“现在感觉怎样？”他不说话，想用手揉眼睛，王老师下意识地按住他的手，再次靠近他仔细检查，发现他的眼角还有少许分泌物。王老师立刻把凡凡送到了保健室，保健医生初步诊断为红眼病。王老师一直离凡凡很近，不知道会不会被传染呢？

问题再现 教师的工作就是和孩子打交道，孩子如果在幼儿园得了红眼病，教师也是第一个和孩子近距离接触的人，和红眼病人对视会被传染吗？

应对策略

不会。教师首先要了解红眼病传染的途径，红眼病主要是通过接触传播，最常见为眼—手—眼的传播。另外接触病人用过的毛巾、手帕、洗脸用具、电子游戏机、电脑的键盘等，或到病人接触过的泳池、浴池等地方游泳、洗浴，都有可能感染此病。所以如果孩子在幼儿园有红眼症状，老师要教育孩子勤洗手，不要用脏手揉眼睛，尽快带孩子去保健室就诊。

（四）保健小达人

幼儿患上急性结膜炎后主要的治疗方式是点眼药水，因此教师要掌握正确的点眼药的方法才能更有利于疾病的恢复：

1. 让幼儿头向后仰，食指拉开下眼睑。
2. 眼球向上转，充分暴露出下穹隆部结膜。
3. 滴一滴眼药水在下穹隆部结膜上，不要立即松开食指。
4. 大拇指迅速跟进，和食指一起拉开下眼睑。把下眼睑轻轻上提，和轻轻闭眼的上眼睑靠拢闭合。闭目休息 1~2 分钟。

另外要注意不要给患儿做眼部热敷，因为热敷会使局部温度升高，对细菌繁殖更有利，会使眼分泌物增多，症状加重。可做冷敷，用凉毛巾或冷水袋均可。

八、风疹

风疹是一种症状较轻的急性病毒性呼吸道传染病。病人是唯一的传染源，一般通过飞沫传播，病后有较持久的免疫力。

（一）症状表现

风疹病初期有发热、咳嗽、流鼻涕等症状，体温多在39℃以下，发热当日或者次日就出现皮疹，从面部开始到躯干再到四肢，1天内布满全身，但手心和脚心一般都没有皮疹，皮疹形成淡红色、细小均匀的斑丘疹，3天左右消退，一般不遗留色素沉着。

（二）预防要点及实操方法

要点一：卫生保健人员在新生入园时要做好幼儿预防接种的查验工作，指导家长按程序做好预防接种。

要点二：隔离患儿，密切接触者需医学检疫观察，观察期间要注意幼儿体温、面部、躯干和四肢有无皮疹。

要点三：室内经常开窗通风，保持空气新鲜。

要点四：开展健康教育活动，利用宣传栏、知识讲座、微信公众号、班群加强风疹防治知识宣传。

要点五：加强晨、午检工作，流行病发期间不能接收或转出儿童。

要点六：合理安排一日生活，加强体育锻炼，增强幼儿体质。

（三）问题小贴士

案例描述

外出旅行的乐乐回来了

晨间入院时，请假几天外出旅行的乐乐开心地牵着妈妈的手走进了活动室。丁老师一眼看去，乐乐虽然精神不错，但脸色有些发白，关切地询问："乐乐，外出旅行好玩吗？"乐乐高兴地回答："好玩，我去了海边，还吃了好多海鲜，可好玩了。"丁老师一听，乐乐的嗓子还有些沙哑，便对着乐乐妈妈说："他身体还好吧？看着脸色不太好。"乐乐妈妈显然没在意细节，爽快回答道："没事，也就是在外面玩累了，回来收收心。"说罢，拿了接送卡就走了。早操过后，乐乐一个人趴在桌上不愿动弹，老师发现了他的异样，快速走到他身边再次关切地询问："乐乐，是不是哪里不舒服？"乐乐抬头看了看老师，虚弱地说了声："我不舒服。"这一抬头，丁老师发现了乐乐脸上有散在的皮疹，立刻带乐乐去保健室。保健医生给乐乐量体温发现发烧了，马上通知家长接回到儿童医院就诊。最后医生经过专业诊断，确诊为风疹。

问题再现 小朋友年龄小，是不是特别容易患风疹？如何能预防风疹的传染呢？

应对策略

风疹病人和健康携带病菌者具有传染性。一般在人抵抗力低下的时候容易感染，风疹病人在出疹前一周和出疹后 5 天内都可传染别人。风疹病人多以儿童为主，接种过风疹疫苗和得过风疹的人有免疫力，不会感染风疹。

预防措施：

1. 风疹是一种抵抗力较弱的病毒，室内可多开窗通风，加速空气流通。勤打扫环境卫生、勤晒衣物被褥等方法，都能有效减弱风疹病毒的侵袭。

2. 日常生活中需注意均衡饮食，多运动、健康作息，增强自身抵抗力。

3. 避免与风疹病人面对面讲话，如身边亲友发病，也应避免到医院探望。

4. 如自己有发热、皮疹等不适症状，应立即到正规医院治疗。

5. 一旦被确诊为风疹，应立即隔离治疗至出诊后 5 天。同时要保持正常饮食，多吃水果，多饮水。

（四）保健小达人

当孩子患上风疹时，我们一定要让孩子卧床休息，在饮食上也要特别注意：

1. 饮食上应注意清淡，多以菜粥、面条汤等容易消化吸收的食物为佳。

2. 可多食新鲜的水果和蔬菜，以保证维生素的摄入量。

3. 给予流质或半流质的食物，如各种粥类、米汤等。

4. 不要吃甜食、油炸、辛辣刺激性食物。

另外给大家推荐一个食疗小偏方：豆腐绿豆汤——清热解毒。

原料：绿豆 30 克，豆腐 30 克，冰糖适量。

制法：将绿豆淘洗干净，放入锅中，加水适量，浸泡一小时后煮烂，加入豆腐，再煮 20 分钟，调入冰糖，使之融化即可。

九、诺如病毒感染性腹泻

诺如病毒是一种引起非细菌性急性胃肠炎的病毒。诺如病毒导致感染性腹泻，以肠道传播为主，其传染性强，传播速度快。可通过污染的水源、食物、物品、空气等传播，感染对象主要是抵抗力差的老人和儿童。

（一）症状表现

诺如病毒的潜伏期相对较短，通常是12~48小时。诺如病毒感染发病以轻症为主，最常见的症状是腹泻和呕吐，其次是恶心、腹痛、头痛、发热、畏寒和肌肉酸痛等。成人中腹泻更常见，儿童比成人更容易出现呕吐。诺如病毒病例的病程通常较短，症状持续时间平均是2~3天，但高龄人群和伴有基础性疾病的患者恢复期较慢。尽管诺如病毒感染主要表现为自限性疾病，但少数病例仍可发展成为重症，甚至死亡。

（二）预防要点及实操方法

要点一：加强晨、午检及因病缺勤登记工作，及时发现病例，及时报告。

要点二：加强食堂卫生管理，食品加工过程中，餐具、刀具、案板等要注意生熟分开。

要点三：如有幼儿呕吐，应当立即安排其他健康幼儿远离被呕吐物污染的地方。呕吐物要及时消毒处理。

要点四：确保环境清洁，室内空气流通。

要点五：培养孩子良好的卫生习惯，饭前便后、外出后要用正确方法洗手，保持双手清洁。

（三）问题小贴士

案例描述

呕吐的平平

阴雨绵绵的天气让本该在操场中嬉戏玩耍的孩子们，只能在室内开展晨间游戏。忽然，玩得正欢的平平却在人群中间“哇”地一声，吐了一地，刘老师想立即上前处理，可还没走到平平身边，平平“哇”地一声又吐了。此时主班老师赶忙把孩子们带到教室长廊，并送平平到保健室，配班老师立即处理平平的呕吐物，把活动室的门窗打开通风，并将拖把洗干净放置消毒桶内浸泡。这一系列消毒工作全部完成后，老师才有序组织孩子们再次走进教室。

问题再现 面对呕吐不止的平平，教师的处理是否得当？每次遇到幼儿呕吐都需如此繁琐地进行消毒杀菌吗？

应对策略

呕吐的确是诺如病毒的症状之一，但一般是在毫无征兆的情况下突然出现呕吐，而且呕吐非常频繁，基本上是吃什么吐什么。案例中老师的做法是值得推荐的，平平在短时间内连续呕吐两次，已经有较明显的诺如病毒的病症。此时急需要正确使用消毒方法进行全面消毒。当孩子在幼儿园发生呕吐现象，比较全面且规范的消毒流程如下：

1. 安排健康幼儿远离被呕吐物污染的地方；患病幼儿送保健室观察。

2. 应及时用 1∶5 的 84 消毒液小心轻洒在呕吐物上，再用卫生纸覆盖在呕吐物上，将覆盖物包裹呕吐物一起放进备用的垃圾袋内，再复套备用垃圾袋扎紧。

3. 清理弄脏的床单和衣服前应先将呕吐物移除，再将污染物放进备用袋内，再复套备用袋扎紧。

4. 污染场所应从外向里擦拭消毒。以呕吐物为中心，从外围 2 米处，由外向内采用蘸有 1∶5 的 84 消毒液的抹布擦拭各类污染场所和物体表面，如桌椅、墙面及地面等，作用 20~30 分钟后，再用清水清洗。

5. 如患者呕吐于洗手盆中，则以洗手盆为中心，从外围 1 米处，由外向内采用蘸有 1∶5 的 84 消毒液的抹布擦拭各类物体表面，如水池、水龙头，作用 20~30 分钟后，再用清水清洗。

6. 在整个清理呕吐物的过程中，处理人员应做好个人防护，戴上手套及口罩，并在处理后认真洗手。

（四）保健小达人

幼儿是诺如病毒的主要感染人群，若孩子感染，教师要学会以下日常护理知识：

1. 只要孩子有急性呕吐或急性腹泻的症状，暂时都不要去幼儿园，避免传染给其他小孩 。

2. 及时改变孩子的饮食结构，忌食高脂肪食品及生冷食品，多吃清淡、易消化、营养高的食品。

3. 保证孩子的休息及良好睡眠，减少户外活动，注意保暖。

4. 房间要经常通风消毒，及时消毒清扫呕吐物等污染物，防止二次感染。

5. 出现症状要及时就医。

十、流行性脑脊髓膜炎

流行性脑脊髓膜炎是由脑膜炎球菌引起的化脓性脑膜炎，简称流脑。多流行于冬末初春。病原菌存在于患者及带菌者的鼻咽分泌物中，咳嗽、打喷嚏或说话时借飞沫由空气传播。儿童发病率较高。

（一）症状表现

流脑的潜伏期一般为2~3天，但最短1天，最长7天。患病初期表现为上呼吸道感染症状，起病后迅速高热、寒战、体温上升，幼儿呈现出烦躁、拒食、皮肤过敏或惊厥等现象。部分会出现皮肤黏膜瘀点，其后会出现头痛、呕吐、嗜睡、昏迷等症状，2~5天进入恢复期。

（二）预防要点及实操方法

要点一：患儿隔离，与患儿密切接触者医学观察7天。

要点二：卫生保健人员在新生入园时要做好幼儿预防接种的查验工作，督促家长按程序接种疫苗。

要点三：加强对空气和物品的消毒。

要点四：培养幼儿日常良好的卫生习惯。饭前便后、外出后要用正确的方法洗手，保持双手清洁。

要点五：流行期间开展健康教育活动，加强流脑防治知识宣传工作。

要点六：不带幼儿到人多拥挤的公共场所。

（三）问题小贴士

案例描述

糊涂的妈妈

芳芳在两岁时，发了一次重感冒，发热、咳嗽、流鼻涕，典型的感冒症状。反复吃药、打点滴却完全不见效。三天之后的半夜，芳芳突然从梦中醒来，爆发性呕吐、边吐边哭，根本停不下来的节奏。父母连夜送到儿童医院，各项检查显示孩子得了流脑。当时芳芳父母都懵了，医生责怪芳芳父母："是不是没有按时带孩子去打流脑疫苗啊？"后来仔细查看了接种证，他们才发现真的漏打了第二针，当时也是因为孩子发烧，一直拖着没去接种。

问题再现 接种流脑疫苗是用来预防流行性脑脊髓膜炎的主要措施，那么接种流脑疫苗的时间是怎样的呢？

应对策略

流脑在 15 岁以下儿童当中，属于发病率高、危害性大的一种常见传染病。家长一定要准时带孩子去正规防疫机构进行接种。流脑疫苗需要接种 4 针。宝宝刚出生时接种第一针，6~18 月龄之间接种第二针，三周岁时接种第三针，满六周岁接种第四针。

（四）保健小达人

预防接种是预防传染病、保障儿童健康成长的重要预防措施，因此我们家长必须了解预防接种的一些注意事项，才能为孩子提供更安全的保障。

1. 为避免接种时皮肤感染，接种前应为幼儿清洁皮肤。

2. 接种前幼儿不要空腹，要吃饱饭，避免由于情绪紧张导致"晕针"。出现"晕针"不要慌张，让幼儿喝些温糖水，平卧、安静休息可很快恢复正常。

3. 接种后幼儿可轻微运动，但避免受热、受凉。

4. 接种后 24 小时左右，接种部位可能发生局部红肿、疼痛，也可能发低烧，第二天可恢复正常。若高烧并伴有其他症状应及时就医。

第六章
幼儿常见症状的处理

幼儿时期，孩子由于身体的各个器官和系统发育不成熟，极易受外界环境和内在因素的影响而导致生病。可是孩子语言表达能力有限，对症状带来不适的表达方式更多的可能是哭闹和情绪不佳，所以教师要熟悉了解孩子的各种疾病症状，以便及早发现孩子的病情，采取有效的预防和处理，确保孩子的身体健康。

一、发热

发热是幼儿最常见的症状，见于各种全身性和（或）局限性感染以及许多非感染性疾病，一般指体温超过正常范围高限。幼儿体温测量常用的方法有水银体温计腋下测量法和电子测温枪（非接触式红外线体温计）测量法。电子测温枪操作简便、快速，适合幼儿园在晨、午检集中时使用。如用电子测温枪测的体温异常，则建议用水银体温计腋下再次测量复核。一般正常腋表体温为 36℃ ~37℃。37.3℃ ~38℃为低热，38.1℃ ~39℃为中度发热，39.1℃ ~40℃为高热，40℃以上为超高热。

（一）症状表现

在日常的教学游戏活动中，教师要注意观察孩子的精神状态、面色、呼吸、睡眠等，如果发现孩子的脸色泛红，平时神气活现的孩子没有了精神，趴在桌上，或是不想吃饭、睡眠不安等，很有可能就是发烧了。教师应及时将孩子送到保健室。

（二）处理要点及实操方法

要点一：给孩子用水银体温计测量体温。测体温前先要把体温计的水银线甩到35℃以下，检查幼儿腋下是否有汗，如有汗用干毛巾将腋窝擦干，再将体温计的水银端放于幼儿腋窝中央，使其紧贴幼儿皮肤不外露，保健人员帮助幼儿屈臂过胸夹紧体温计，5分钟后取出体温计查看度数并记录。

要点二：若孩子发热，应立即通知家长接回观察或就诊。如体温超过38.5℃，卫生保健人员要征求家长意见是否要给孩子服用退热剂。

要点三：物理降温：用温水擦拭或将毛巾包裹冰袋放置于孩子的额头、腹股沟处。

要点四：让孩子多喝水，卧床休息。

（三）问题小贴士

案例描述

飞飞发烧了

午睡时间结束了，孩子们在老师的提醒下起床，穿好衣服在座位上休息片刻，准备出去户外活动。老师请小朋友们排好队，准备下楼，可是平时很喜欢户外运动的飞飞一反常态地趴在桌子上。老师走过去关心地问道：“飞飞，你怎么啦？”飞飞说：“老师，我很难受。”老师看到飞飞脸上红红的，人也是蔫蔫的，没什么精神，一摸额头有点烫。老师怀疑飞飞发烧了，用体温计一量，果真是发烧了。于是，飞飞被带到了保健室，医生测的体温是38℃。老师立刻通知家长来园接孩子，在等待的过程中给飞飞进行了物理降温，老师也在一旁陪护。飞飞妈妈匆匆忙忙地来到保健室，老师向她介绍了详细情况，并让妈妈接她回去。

问题再现 飞飞妈妈向保健医生询问：孩子发热是何原因？是否需要马上服用降温药快速将体温降到正常？

应对策略

1. 导致孩子体温升高的原因多由于感冒受凉导致，但也可能是病毒感染引发，一般是由于细菌、病毒、结核、真菌、支原体等感染导致。建议积极治疗与预防，注意宝宝的保暖，避免受凉等。

2. 孩子发烧了，是否给予退热治疗，需要在权衡利弊的基础上来决定。世界卫生组织建议在一般情况下退热治疗应该只用于高热的幼儿，即肛门温度达39℃或以上。如果在疾病的病因和症状没有明确之前就强行使体温降至正常，对疾病本身的恢复痊愈是有害无利的。对于中低热又没有合并症时，一般情况很好的患儿不主张积极降温，可采取温和的物理降温。如有热惊厥史的情况，则要积极降温处理。

（四）保健小达人

孩子出现发热的时候，如果体温没有超过38.5℃且没有热性惊厥史的话，尽量不要给孩子选择口服退热药的方式来进行退热，可以选择一些物理降温的方法：

1. 温水擦浴。用于擦浴的温水的温度要在34℃～36℃左右，颈部、腋下、大腿根这些皮肤皱褶比较多、血管比较丰富的部位是擦拭的重点部位。

2. 冰袋冷敷。用冰袋对局部的皮肤进行冷敷达到降温效果，将冰袋外面包裹一层毛巾，放置在患儿的前额。

二、呕吐

呕吐是幼儿不适的常见症状之一。呕吐的原因很多，吃了不合适的食物、进食过多、哭闹厉害、晕车、胃肠道感染、伤风感冒、中耳炎、脑膜炎、脑积水等都可能引起幼儿呕吐。频繁而剧烈的呕吐可引起脱水、电解质紊乱等并发症。因此，对于幼儿呕吐，教师要慎重对待。

（一）症状表现

幼儿呕吐前会面色苍白、上腹部不适、厌食，呕出物有时从口和鼻喷出，呕吐严重时，会出现口渴尿少、精神萎靡不振。

（二）处理要点及实操方法

要点一：安排健康幼儿远离被呕吐物污染的地方，班上立即开窗通风。

要点二：如果幼儿呕吐厉害，呕吐物从鼻腔喷出，教师要立即将幼儿鼻腔中的异物清除干净，保持呼吸道通畅。若呕吐发生在幼儿直立时，教师可以先让幼儿身体前倾，让呕吐物易于流出，以免造成窒息或吸入性肺炎；当幼儿卧床呕吐时，应让其维持侧卧姿势，以便于呕吐物流出。

要点三：消除幼儿紧张情绪。幼儿停止呕吐后，教师要让幼儿用清水漱口，清除口中难闻的味道。

要点四：当幼儿停止呕吐时，教师要及时询问幼儿的身体情况，了解幼儿呕吐的原因并立即将幼儿送到保健室，向保健医生说明幼儿情况。若呕吐伴有发热、腹痛、腹泻等其他症状时要及时通知家长送医院诊治。

要点五：如幼儿呕吐弄脏衣物，教师要及时为其更换，并对呕吐物污染的地面进行清洁、消毒。

案例描述

无精打采的洋洋

春夏交替的季节，温度忽冷忽热，昼夜温差大。一天早上，洋洋妈妈醒来时发现，洋洋身上什么都没有盖，被子被踢到了床边上，妈妈知道肯定是洋洋晚上睡觉不老实，把被子蹬掉了。白天洋洋打了几个喷嚏，还有些清鼻涕，妈妈有点担心，晚上吃完饭后，洋洋没精打采坐在沙发上，过了一会儿就把晚餐吃的饭食都吐出来了。妈妈清理好呕吐物之后让洋洋卧床休息，并在身边一直陪伴着洋洋。

问题再现 孩子呕吐不适的原因有多种，遇到这种情况，家长可以继续关注孩子的身体情况，视轻重再决定是否去医院治疗。对待幼儿呕吐，家长应该注意什么？

应对策略

1. 孩子是否反复呕吐，如果呕吐频率不高，呕吐后孩子精神状态好转，可以在家继续观察。

2. 弄清呕吐与进食的关系，是进食后立即呕吐，还是进食 3~4 小时后呕吐，或是呕吐与进食无关。

3. 注意呕吐物是喷射状还是非喷射状。喷射状于胃肠梗阻和神经系统病变多见，建议医院就诊。非喷射状于胃肠炎和功能性疾病多见。

4. 注意如果呕吐伴随以下症状如腹泻、腹痛、发热、头痛、皮疹及脱水等情况，请去医院就诊。

（四）保健小达人

当孩子因为着凉导致呕吐的时候，教师对其合谷穴进行按摩可以起到很好的降逆止呕的作用。还可以把姜片放在微波炉中稍微加热，固定在孩子的肚脐上，一般晚上睡觉前贴上去，第二天早晨醒来后取下来，就能有效地缓解呕吐症状。

三、腹痛

腹痛是幼儿最常见的症状之一。腹痛原因很多，着凉、吃坏东西、急性肠胃炎、肠痉挛、阑尾炎、肠套叠等都可导致腹痛。其中，阑尾炎、肠套叠等外科急腹症非常危险，要及时治疗，否则后果严重。

（一）症状表现

在日常生活中，教师应密切观察幼儿的面色、神态以及肢体状态。幼儿腹痛时，基本都能主动反映“肚子疼”，还常常会用手捂肚子、面色苍白、食欲减弱、无精打采、不愿参加活动。

（二）处理要点及实操方法

要点一：当幼儿腹痛时，教师首先要耐心安慰幼儿，消除幼儿的恐惧心理。

要点二：如果幼儿和教师说肚子疼，一般他是要大便了，如果不想大便或大便后肚子仍疼，就要送保健室进一步观察，必要时通知家长带其到医院就诊。

要点三：若判断为生理性腹痛时，一般无须治疗，给予热敷、按摩腹部可缓解腹痛。

（三）问题小贴士

案例描述

缓解孩子的胃肠生长痛

今天上体育课的时候，嘉航小朋友走过来跟张老师说："张老师，我肚子疼，我可能不能参加活动了。"张老师看他脸色的确有些苍白，精神也不太好，马上问他："是不是要大便？"他摇了摇头："不是。"于是张老师安排他坐在旁边休息，并告诉他，如果还是疼痛会送他去保健室。嘉航休息了一会就反映肚子不疼了，跟张老师回到了班级。当天下午爷爷来接人时张老师把情况告诉了他，爷爷表示知道了。可是过了几天以后，嘉航又出现了这种情况。和班级其他老师沟通后发现，这两天她也遇到过在活动中嘉航向他反映肚子疼的事情。这引起了张老师的重视，她马上给嘉航妈妈打了电话，向她反映了这件事情。嘉航妈妈告诉张老师上次爷爷跟她说了，其实嘉航在家也会有肚子疼，她因为工作忙而疏忽了对孩子的照顾，决定第二天就带孩子去医院检查。

第二天检查完之后，嘉航妈妈打电话告诉张老师；医生说嘉航这种情况属于胃肠生长痛，是一种正常的生理现象，并且对张老师的重视和关心表示感谢。

问题再现 胃肠生长痛到底是什么呢？发现这种现象，教师应该怎么做才能缓解孩子的胃肠生长痛？

应对策略

1. 儿童胃肠生长痛是一种正常的生理现象，因为处于生长发育旺盛期的儿童不但骨骼在快速增长，内脏的胃肠也在同步生长，其血液供给相对不足（尤其是身高增长比较快的孩子），加上幼儿植物神经功能不稳定，导致胃肠平滑肌因血液循环不良而发生痉挛性收缩，随之出现阵发性疼痛。其特点是反复发作，每次疼痛时间较短，一般不超过 10 分钟。疼痛发作无规律，次数因人而异，程度也不一样。轻则腹部不适，重则痉挛样痛，并伴有面色发青或发白，疼痛难忍，甚至恶心呕吐。通常情况下，疼痛缓解快，缓解后儿童的精神、饮食和玩耍恢复常态。

2. 采取下面的做法来缓解孩子的胃肠生长痛

（1）热敷：教师可用热毛巾对孩子疼痛部位进行热敷，热敷的作用是促进局部的血液循环，加速炎症的吸收，缓解肌肉的痉挛，从而缓解孩子疼痛之感。

（2）按摩腹部：孩子肚子疼，可以通过按摩肚脐周围减轻疼痛。方法是用手掌或三指并拢在腹部轻轻地按，顺时针逆时针各半，按摩 5 分钟。按摩时，用力要轻柔适当，不然有可能加重孩子的不适感。

（3）揉足三里穴：孩子发生疼痛时，大人可以按揉孩子足三里穴帮助减轻疼痛感。方法是用双手拇指按揉双腿足三里穴（位于膝盖下三寸，胫骨外侧一横指处），待有酸麻胀感后坚持 3~5 分钟，胃肠生长痛便可明显减轻。

（四）保健小达人

孩子腹痛是常有的事，但是疾病都是以预防为主，要想减少孩子腹痛的次数，在平时生活中就要注意以下几点：

1. 防止运动时腹痛的发生，应避免精神紧张，充分准备活动，注意循序渐进加大运动量，量力而行。剧烈运动前，既不要吃得过饱，也不要饿着肚子参加运动。一般在餐后一小时再进行运动。

2. 严防幼儿暴饮暴食，而且不得进食大量冷饮。

3. 必须注意腹部的保暖，防止腹部受凉。

4. 多食水果、蔬菜、防止便秘，养成定时排便的良好生活习惯。

5. 养成良好的卫生习惯，饭前便后洗手，不吃生冷不洁食物。

四、惊厥

惊厥是最常见的一类不随意运动，表现为全身或局部肌群突然不自主收缩，常伴有意识障碍，是幼儿时期常见的紧急症状。

（一）症状表现

部分幼儿惊厥发作前有以下前兆：极度烦躁、精神紧张；神情惊恐，四肢肌张力突然增加；呼吸突然急促、暂停或不规律；体温骤升，面色剧变；瞳孔大小不等；边缘不齐。典型表现为：突然发生意识丧失，头向后仰，眼球固定上翻或斜视，口吐白沫，牙关紧闭，局部或全身肌肉呈强直性或痉挛性抽动，持续数秒至更长，继而转入嗜睡或昏迷状态，发作停止后不久意识恢复。

（二）处理要点及实操方法

要点一：一旦幼儿惊厥发作，教师不要慌乱，要保持镇定，立即通知保健医生到现场急救。

要点二：将幼儿平卧，松解幼儿衣服领口，头转向一侧，及时清除口、鼻、咽喉内的分泌物或呕吐物，可将纱布裹好的压舌板（或干净软布包裹的勺子把）置于上下牙间防止舌咬伤，若牙关紧闭，不要强行撬开。

要点三：可用拇指按压幼儿人中、合谷、内关等穴位两三分钟止惊。

要点四：监测幼儿的体温、精神、神态等，如有高热及时采用物理降温。

要点五：及时就医，一般情况下，幼儿高热惊厥 3~5 分钟即能缓解。因此当小孩意识丧失，全身性对称性强直性阵发痉挛或抽搐时，不要急着把孩子抱往医院，而是应该等孩子恢复意识后前往医院。经护理，即使患儿惊厥已经停止，也要要求家长到医院进一步查明惊厥的真正原因。但患儿持续抽搐 5~10 分钟以上不能缓解，或短时间内反复发作，预示病情较重，必须急送医院。就医途中，将患儿暴露在外，伸直颈部保持气道通畅。

要点六：做好新生入园时的既往史登记，了解幼儿有无高热惊厥史。加强全日观察，一旦发热，做好物理降温或及时就医。

（三）问题小贴士

案例描述

警惕幼儿高热惊厥

午睡时间到了，小班的宝贝们一个个乖乖地睡在被子里，不一会儿，寝室里传来了一阵轻微的呼噜声，宝贝们都慢慢地睡着了。刘老师在寝室里来回轻轻走动、巡视着，突然，她发现安安在床上开始抽搐，脸色变白，嘴里还口吐白沫，刘老师马上摸了摸安安的额头，发现很烫。有经验的刘老师想起曾经幼儿园不久前组织过老师学习当幼儿突发症状时老师应该怎样处理，其中就有高热惊厥的处理方法。于是她马上将安安的头转向一侧，因为没时间去找纱布（干净的毛巾），所以用安安盖的被子的一角拧成麻花状放于安安上下牙之间，以免咬伤舌头，并且立即通知保健医生。保健医生迅速赶到，并给孩子进行简单的处理后一起将孩子送往最近的医院救治，同时也通知家长赶往医院。

第二天刘老师和家长电话沟通，询问孩子是否有过高热惊厥史，安安妈妈很肯定地告诉老师安安从未有过高热惊厥，她也非常担心害怕，不知道该怎么做才能尽量避免这种情况发生，所以向保健医生咨询。

问题再现 当孩子发生高热惊厥后，家长应该怎么做？

应对策略

1. 家长需要更加关注孩子日常的健康状况。平时要注意预防感冒，让孩子经常性户外活动，增强体质，提高免疫力。要及时发现孩子发热的前期症状，如：精神萎靡、食欲不振、四肢冰冷等。

2. 曾经发生过高热惊厥的孩子一旦发热时，要密切观察体温变化且体温达38℃以上，一定要积极降温。除了使用退热药，还可以给孩子用35℃左右的温水擦全身，用冰袋、凉毛巾或者退热贴放在额头，降低头部的温度来达到保护大脑的目的。体温上升时要注意给孩子多喝水，水中兑少量的糖和盐补充体内的电解质。

（四）保健小达人

如果班上有高热惊厥史的孩子，教师一定要加强以下几方面的工作，才能确保孩子的安全。

1. 多和家长沟通，如孩子有身体不适症状，请家长不要送孩子入园。

2. 加强全日观察，比普通孩子更关注其体温的变化，如发现孩子稍有不适，立即送保健室。

3. 户外运动时，注意给孩子及时增减衣物，避免着凉。

4. 教师要掌握正确的惊厥急救处理方法。

第七章
特殊幼儿的护理

特殊幼儿包括肥胖儿、营养不良幼儿、缺铁性贫血幼儿、食物过敏幼儿等。为了让每位在园幼儿都能够健康茁壮地成长，教师应在保健医生的指导下做好这些特殊幼儿的护理。同时还要做好与家长的沟通指导工作，共同促进幼儿身心的健康发展。

一、肥胖儿

随着人们生活水平的不断提高，育儿方式和营养物质的丰富及不科学的喂养，幼儿肥胖发生率正在逐渐增加。在肥胖幼儿中，有 40% 的幼儿会延续到成人，是引起一系列心血管病的隐患，因此在幼儿期对于肥胖要加以重视，及早防治。

（一）症状表现

肥胖儿的主要症状是皮下脂肪丰满，分布比较均匀，身体脂肪积聚以乳部、腹部、臀部及肩部为显著，腹部皮肤出现白纹、粉红色或紫纹，四肢肥胖。常有疲劳感，活动时气短，行动笨拙。

（二）护理要点及实操方法

要点一：建档管理：通过幼儿一年两次的健康体检，筛选出肥胖儿名单，制订肥胖儿管理计划，进行专案管理。

要点二：体重监测：每月测量肥胖儿的身高、体重，进行评价分析。

要点三：饮食调整：在幼儿进餐时，首先一定要在满足幼儿基本营养生长发育需要的前提下，适当控制其进食量。幼儿要求添饭时，教师应给予体积大、热量少的食物如蔬菜，尽量少添加主食。提醒幼儿要细嚼慢咽，减慢进食速度。进餐时，先喝点汤，再吃饭菜。

要点四：加强运动：老师要鼓励幼儿多运动。户外活动时各班老师要及时提醒不爱活动的肥胖儿动起来，有目的有步骤地适当增加这些幼儿的运动量，循序渐进，逐步提高运动强度和延长运动时间。

要点五：家长工作：定期与家长交流，给予家长正确的、科学的育儿知识，指导家长在饮食原料上多选择“绿灯区食物”，少吃“黄灯区食物”，尽量不吃“红灯区食物”，使家长重视肥胖的危害性，做到家园配合。（见表 7.1）

表 7.1　食物分区表

红灯区食物	糖果、巧克力、麦乳精、炼乳、甜饮料、甜点心、冷饮、蜜饯、油炸食品（炸鸡、炸土豆条、油条）、动物油、各种动物肥肉、黄油、奶油、曲奇饼等
黄灯区食物	大米、面粉、玉米粉、馒头、面包、通心粉、咸饼干、面条、毛豆、黄豆、千张、素鸡、素火腿、牛肉、兔肉、瘦猪肉、鸡蛋、猪肝、香蕉、柿子等
绿灯区食物	萝卜、土豆、绿豆芽、竹笋、冬瓜、黄瓜、番茄、青菜、卷心菜、胡萝卜、南瓜、芹菜、茭白、四季豆、豆腐、豆奶、虾、贝、黄鱼、黑鱼、虾皮、猪血、牛奶、酸奶、西瓜、苹果、梨、橘子、草莓、桃子、枇杷、橙子、菠萝、葡萄、木耳、海带、金针菇等

（三）问题小贴士

案例描述

瘦身大行动

小可是我们班级里的一位憨态可掬的“小胖墩”，一到体育活动时他就不愿意参加，别的小朋友都在跳绳、踢球，他只要运动一小会，就浑身是汗，气喘吁吁。这一天体育课上，大家正在玩游戏——“看谁跑得快”，小可因为跑不动，被另外一组的小朋友反超，输了比赛，整个小组都不能得小红花。小伙伴们生气了，小明嘲笑小可：“你看你，这么胖，跑都跑不动”，小红责怪小可：“本来我们前面都比他们组快，就是你慢吞吞，害的我们都得不到小红花了”。就这样，小可被孤立了，大家都不和他玩。

下午回家以后，小可看到爸爸妈妈便委屈地流泪了，家长了解情况后找到了老师，和老师进行沟通后才意识到要让小可进行减肥。

问题再现 为了孩子们从小就拥有一个健康的身体，除了饮食控制之外，合理的运动也是必不可少的，如何为肥胖儿制订科学合理的运动计划呢？

应对策略

对肥胖儿童的运动措施，不仅仅靠幼儿园的督促，更为重要的是家长的积极配合与协作，才能取得效果。肥胖儿童的运动计划可以从幼儿园和家庭两方面来进行制订：

1. 在园运动

（1）户外活动集中对肥胖儿进行体育锻炼。通过走、慢跑、跳、跳绳、摸高等每周三至五次，有微汗为宜，以免引起食欲的增加。

（2）结合孩子的年龄特点，设计有趣味性的游戏活动，来吸引孩子参与。比如在老鹰抓小鸡的游戏中，让孩子做老鹰，增加跑跳次数和强度，以达到消耗热量、避免脂肪过多堆积的目的。

（3）要为幼儿提供充足、有趣的器械。为孩子创设各种运动游戏情境。

（4）做能力所及的事情。特意请肥胖儿小朋友为班级整理玩具、擦桌子、争当值日生等，使他们能够从中多运动，达到锻炼效果。

2. 在家运动

（1）每日餐后散步，每次 30~40 分钟。

（2）根据幼儿的兴趣爱好，选择合适的运动来帮助减轻体重，比如：踢毽子、游泳、各种球类运动等一些运动项目来选择，让幼儿喜欢上运动以后选择自己喜欢的项目更有利于坚持。

（3）在休息日多带孩子户外活动，比如爬山等有氧运动，也可以和其他小朋友玩耍，增加活动量。

（4）除了运动减肥之外，日常生活中引导幼儿自己的事情自己做，帮助家长做一些力所能及的事情。比如：拿快递、倒垃圾等也可以缓解肥胖的现象。

为了孩子的健康成长，父母应该多花一些时间来陪孩子一起锻炼，早日走出肥胖的误区，努力提高下一代的身体素质。

（四）保健小达人

儿童肥胖的干预要在不影响生长发育的前提下采取饮食调理、适当运动和行为矫正。家长经常会为不知道给孩子如何安排食谱而烦恼，下面就给大家介绍一下肥胖儿的一日三餐食物搭配方法：

1. 早餐：可选择黄灯区食物中的谷类 1~2 种、动物性食物 1~2 种、绿灯区食物中的豆类或奶类，注意干稀搭配及米面搭配。

2. 午餐：可选择黄灯区及绿灯区的食物，少吃红灯区食物，以绿灯区的蔬菜为主，减少黄灯区的主食（即米面）量，佐以黄灯区和绿灯区的动物性食物适量，注意荤素搭配。

3. 晚餐：应控制主食量，以绿灯区食物为主，不吃红灯区食物，每周红灯区食物不能超过 4 种。由于主食吃得少，为延长其饱腹感，进餐时可用绿灯区的低热量、大体积的食物代替，并可在餐后 1~2 小时吃次水果。

二、营养不良幼儿

营养不良通常是由不适当或不足饮食所造成。一般起因于摄入不足、吸收不良或过度损耗营养素所造成的营养不足，但也可能包含由于暴饮暴食或过度的摄入特定的营养素而造成的营养过剩。

（一）症状表现

幼儿营养不良最直接的表现为低体重、消瘦、生长发育迟缓，除此以外，还会有淡漠、反应差、食欲不振、维生素缺乏等表现，严重的可导致幼儿生长发育障碍与智力低下。

（二）护理要点及实操方法

要点一：建档管理：通过幼儿一年两次的健康体检，筛选出营养不良幼儿名单,制订管理计划,进行专案管理。每月定期对幼儿进行一次体格测量评价、分析。

要点二:给营养不良幼儿制订体格锻炼计划,在户外运动时要遵循循序渐进的原则,活动量由小逐渐增大,活动与休息适量交替,注意幼儿的心律、出汗、面色,防止过度疲劳。

要点三:进餐时老师要多给予鼓励,采取少盛多添的方式,纠正挑食、偏食的不良习惯,做到营养均衡,保证足够的蛋白质和热量。

要点四:加强家园沟通,通过营养讲座提高家长的配合意识。

(三)问题小贴士

案例描述

挑食的佳佳

小班开学第一天,佳佳引起了王老师的注意,她是个又瘦又矮的小姑娘,脸色有些苍白,头发看起来有些干枯发黄。中午吃饭的时间到了,王老师给小朋友们端上了香喷喷的饭菜。小朋友们都在大口大口地吃起来,只有佳佳盯着碗,拨弄着衣角,一口都不吃。“佳佳,快吃饭,你看大家吃得多香。”可是佳佳仍然看着王老师,就是不动手。“那老师喂你好吗?”佳佳还是小嘴紧闭,最后看着王老师一直在身边,才轻轻地说了一句:“我不喜欢吃菜,我就吃一点白米饭。”无奈之下,王老师只有看着佳佳吃了半碗白米饭。接着王老师对佳佳持续了一段时间的观察,发现她几乎天天如此。

事后王老师找到佳佳妈妈了解情况,发现佳佳在家也不喜欢吃菜,家长也比较溺爱,因为孩子不爱吃菜,所以为孩子准备一些零食,久而久之孩子就更不愿意吃菜了。王老师告诉佳佳妈妈,家长的饮食调理不当和孩子的挑食、偏食等原因会造成孩子的营养不良,而营养不良又会给孩子的生长发育带来很大的危害,可影响到骨骼、身高的发育。

问题再现 儿童营养不良的诊断标准是什么?

应对策略

一般情况下,判断孩子营养不良的方法是看身高、体重是否低于同龄人。可以从以下几个方面来判断:

1. 低体重：低体重主要是指同年龄、同性别的孩子，体重低于体格测量评价两个标准差之下；实际上就是孩子的体重不够；

2. 发育迟缓：发育迟缓是年龄比身高，身高低于体格测量评价两个标准差之下；

3. 消瘦：消瘦是身高比体重，如果低于则会有问题；

4. 严重营养不良：用孩子的年龄比身高，年龄比体重都低于同性别、同年龄孩子的两个标准差之下。

（四）保健小达人

当孩子挑食、偏食时，家长们不要用强迫、惩罚、哄骗等消极的办法，这不仅不能解决问题，有时还会产生负面影响，必须要有耐心。家长们可以试试下面几种做法来有效帮助孩子纠正偏食现象：

1. 说服教育法。家长要经常向孩子讲偏食的危害，介绍各种食物都有哪些营养成分，对他们的身体各起什么作用，一旦缺乏会患什么疾病。尽量用孩子能够接受的话语和实例讲解，以求获得最佳效果。

2. 闻味尝鲜法。孩子的评价能力较低，往往容易顺从成人的意见。因此，在餐桌上，家长们要起表率作用，盛赞菜肴"好香"、"真好吃"，并让孩子尝一尝、闻一闻。这样就会引起孩子的食欲和兴趣。切不可当着孩子的面讲："萝卜太辣"、"鱼肉太腥"等话，这样会使孩子对某种食物产生厌恶感，造成偏食。

3. 常换花样法。在烹饪蔬菜时，可以搭配上孩子平时最喜欢吃的食物。切菜时，用一些模具或特殊的工具将食材切成各种各样有趣的形状。

4. 主动参与法。让孩子参与购买、烹饪，在超市或菜场买菜时，可以让孩子选择他喜欢的食材。而在购买食材的时候，也要注意避免碰到那些你不想给孩子吃的食物。回到家，可以让孩子帮忙洗菜、制作凉拌菜或是布置餐桌，让孩子参与到烹饪过程中来。

最后要提醒所有家长，孩子的饮食习惯不会在一夜之间改变，所以需要家长们保持耐心和持续的引导，来帮助孩子养成良好的饮食习惯。

三、缺铁性贫血幼儿

幼儿缺铁性贫血指因食物中铁摄入不足，致使体内铁缺乏，影响血红蛋白的合成所致，为小儿贫血中最常见的一种。主要诊断指标是血常规检查：血红蛋白低于正常值（血红蛋白小于 110g/dl）。

（一）症状表现

缺铁性贫血主要症状为皮肤、黏膜及指甲床显得苍白，浑身乏力、厌食，不爱活动。严重时会出现头晕、精神萎靡、耳鸣等症状。

（二）护理要点及实操方法

要点一：对缺铁性贫血幼儿专案建档管理。

要点二：合理安排缺铁性贫血幼儿的饮食，适当多吃含铁丰富的食物，培养幼儿良好的饮食习惯。

要点三：制定体格锻炼计划，根据幼儿具体情况循序渐进，活动量由小逐渐增大，注意劳逸结合、动静配合，避免疲劳。

要点四：加强家园沟通，通过营养讲座指导家长合理调配幼儿饮食。

要点五：定期进行血红蛋白检测，连续两个月幼儿的血红蛋白恢复正常可结案。

（三）问题小贴士

案例描述

小航怎么啦？

开学第一天，班上新转来了一名小男生小航，他妈妈牵着他的手慢慢地走进了教室。他脸色苍白、走路慢吞吞，好像没什么力气，张老师跟他打招呼也不理，在妈妈的强烈要求下才勉强回应了老师。经过一段时间的观察：张老师发现小航不喜欢参加集体活动，总是无精打采。在进餐时特别挑食，只吃一点白米饭，不喜欢吃荤菜。张老师很担心小航的身体健康，于是约了小航的妈妈来园沟通，把小航在幼儿园的表现告诉她并建议她带孩子去看医生。

医生告诉小航妈妈，孩子的症状表现是患有缺铁性贫血，需要进行治疗。

问题再现 据国家最新调查研究表明：缺铁性贫血在我国儿童中的比率很高，是一种常被家长疏忽了的常见病。那么，造成孩子缺铁性贫血有哪些原因？缺铁性贫血对孩子有哪些影响？

应对策略

儿童缺铁性贫血的原因主要是铁的摄入不足。儿童生长发育快，消耗大，由于饮食习惯差，饮食结构不合理，长期拒绝进食部分食物容易造成营养不良，另外吸收不好或者是某种疾病引起的失血过多也容易引起贫血。儿童患有缺铁性贫血对孩子的身心健康影响很大，会导致幼儿体力、运动能力、智力和免疫功能下降。

总之缺铁性贫血不但影响儿童的生长发育和免疫功能，而且对行为和智力发育乃至学习成绩均有严重影响。所以家长要重视起来，在医生的指导下给孩子补铁，帮助孩子尽快恢复。

（四）保健小达人

轻度贫血的孩子可以采取调整饮食的治疗方法，在原来的饮食基础上注意补充优质蛋白和增加含铁质丰富的食物，所以家长们一定要知道哪些食物是含铁丰富的。含铁丰富的食物主要有动物肝脏、肾脏；其次是瘦肉、蛋黄、鸡、鱼、虾和豆类。绿叶蔬菜中含铁多的有苜蓿、菠菜、芹菜、油菜、苋菜、荠菜、黄花菜、番茄等。水果中以杏、桃、李、葡萄干、红枣、樱桃等含铁较多，干果有核桃，其他如海带、红糖、芝麻酱也含有铁。另外家长们还需给孩子补充维生素 C 高的食物和水果，因为维生素 C 可以促进铁的吸收。

四、食物过敏幼儿

食物过敏是指进食某种食物后免疫系统对其产生的排斥反应。食物过敏可能带来一些严重的身体反应，如皮疹、呼吸困难、肠胃炎等，严重时甚至会威胁生命。所以教师要高度重视。

（一）症状表现

食物过敏可累及全身各个系统。皮肤症状表现为瘙痒、充血、湿疹、荨麻疹、血管性水肿等。呼吸道症状表现为憋气、咳嗽、哮喘、流鼻涕、打喷嚏等。胃肠道症状表现为恶心、呕吐、腹痛、腹胀、腹泻，黏液样或稀水样便等。再严重一点的话，患者可能发生呼吸困难、喉头水肿，甚至可以发生过敏性休克。

（二）护理要点及实操方法

要点一：在新生入园前做好幼儿过敏史的登记工作，并将幼儿过敏名单发至各班及膳管科。

要点二：在制订食谱时，充分考虑到食物过敏的幼儿，给他们另外配制营养相等的食物。

要点三：在幼儿进餐时，教师要让有食物过敏的幼儿单独坐，绝对不能让引起过敏的食物接近幼儿，哪怕是接触到幼儿皮肤也不可以。

要点四：如果出现食物过敏反应，首先在确认过敏源后应该赶紧擦掉口角残留的食物残渣，然后注意停止食用该种食物，嘱患儿多喝水。如果出现比较严重的食物过敏反应如腹部剧烈疼痛、呼吸不畅、应该立即送往医院进行治疗和抢救。

（三）问题小贴士

案例描述

笑笑过敏了

在幼儿园，新生入园需要家长登记幼儿过敏史。食物过敏和药物过敏都需要去保健室进行登记，保健室登记归纳后告知班级老师并张贴在教室醒目处，便于老师关注过敏幼儿的情况。

有一天，小班的付老师发现当天孩子的午餐中有蛋花汤，她想起班上的笑笑小朋友对鸡蛋过敏所以没有让孩子喝汤，可是过了一会儿笑笑告诉老师腿很痒很疼，旁边的小朋友把汤洒到他腿上了。只见笑笑腿上一片红肿，可是蛋花汤是温的，并没有很烫。付老师见状马上把孩子送到了医务室。保健医生接诊后做了处理，并联系家长。请家长将孩子送到医院，做进一步的检查。

问题再现 笑笑的确对鸡蛋过敏，可是他没有食用鸡蛋，只是皮肤意外地接触了鸡蛋，这样也会引起过敏吗？

应对策略

过敏是由于身体的免疫力低下，血液里的毒素不能及时排出，淤积于皮下，皆由外界刺激爆发于体表引起的。皮肤只要接触了过敏源就容易导致过敏。在幼儿园，教师可以采取进餐时让过敏体质幼儿单独就坐进餐的方式，避免孩子和过敏源接触。

（四）保健小达人

当孩子食物过敏出现皮肤瘙痒、红肿、皮疹时，家长可以用下面几个小方法来帮助孩子缓解这种痛苦：

1. 冷敷：用冷毛巾冷敷可以收缩局部血管，减少过敏性物质的渗出，从而达到消肿止痒的效果。

2. 盐水擦抹：用 150ml 温开水，然后加入 1 小匙盐，等到盐全部溶解后，用棉球蘸取盐水涂抹痒处，就可轻松止痒。

第八章
幼儿意外伤害的急救处理

安全工作是幼儿园工作的重中之重。幼儿天性活泼好动，动作又欠协调、灵敏，缺乏自我保护能力，因此很容易发生意外事故。作为教师必须要有高度的责任心，积极做好安全措施和安全教育，预防意外事故发生。万一发生意外，则要冷静地进行处理。

一、擦伤

擦伤是钝性致伤物与皮肤表皮层摩擦而造成的以表皮剥脱为主要改变的损伤，又称表皮剥脱，是开放伤中最轻的一类创伤。

（一）症状表现

擦伤表现为表皮剥脱、血痕、渗血或出血斑点，一般伤口较浅，有少量出血，局部会有红肿和疼痛。多发生在膝盖、肘部和手掌。

（二）处理要点及实操方法

要点一：幼儿发生擦伤时，教师立即送幼儿到保健室进行处理。

要点二：用生理盐水清洗伤口污物。

要点三：用红汞或碘伏涂抹伤口预防感染。如钝器为生锈的钉子之类要及时到医院就诊治疗。

（三）问题小贴士

案例描述

红药水和碘伏

豆豆奶奶带着豆豆去小区里的儿童游戏区玩耍，豆豆不小心从滑滑梯上摔了下来，造成了头部擦伤。因为看着伤口并不严重，奶奶便把豆豆带回家给他清理伤口，先给他涂了红药水，后来发现家里有碘伏，想着保险起见，又给豆豆涂了一些碘伏。可是还没过一会，豆豆哭着说受伤的部位很疼，一看还肿起来了！

问题再现 奶奶为了效果更好，两种药水一起使用，可是本来只是轻微的擦伤却红肿疼痛了起来，那么红药水和碘伏能一起用吗？

应对策略

红药水和碘伏是不能一起使用的，因为红药水里面的汞离子和碘伏里面的碘离子相互作用后生成碘化汞，有毒性，因此红药水和碘伏绝对不能一起使用。如果刺激到局部的伤口或者是皮肤、黏膜，会导致局部的疼痛，并且还会有化学灼烧的情况。碘伏是一种比较普遍的消毒液，刺激性比酒精小，可以用于皮肤的消毒，但使用碘伏时一定要看一下有效期，确保在有效期内可以使用。在一般的情况下用碘伏消毒就可以，没必要使用红药水。两种药水使用不当会导致从伤口进入血液循环，从而侵犯全身的多个器官，严重的可能会引起中枢神经系统的头晕、头痛、恶心、呕吐等情况。

（四）保健小达人

孩子在成长过程中磕磕碰碰在所难免，但我们要积极做好预防措施，降低孩子发生意外的几率：

1. 开展户外活动前，教师应对活动场地的安全性进行实地检查，检查活动场地是否有砖块、树枝、铁丝、绳索等障碍物，检查将要投放的活动器械是否有损坏以及幼儿的衣服、鞋子是否穿戴整齐，避免因鞋带散开发生绊倒以及连环绊倒事件。

2. 教室、卫生间地面要保持干燥，防止孩子滑倒，摔跌。

3. 将安全教育及自我保护技能的学习融入一日活动中，只有让幼儿懂得一些常见的自我保护以及安全自救的方法，教师才能最大限度地降低幼儿的受伤率。

二、撕裂伤

皮肤撕裂伤是指由于钝物冲击或碰撞所引起的表皮或软组织的损伤。撕裂伤是人体的开放性损伤之一。

（一）症状表现

撕裂伤其伤口的边缘不整齐，有出血。多发生于身体与硬性物的碰撞中，在眉弓、下颌骨、头皮、面部等处常见，撞击力的大小与伤情成正比。

（二）处理要点及实操方法

要点一：幼儿发生撕裂伤时，教师要迅速用清洁消毒过的毛巾盖压在伤口上止血，同时及时将受伤幼儿送到保健室。

要点二：伤口较小时，先压迫止血，然后用生理盐水清洗，碘伏消毒伤口后，用创可贴或无菌纱布包扎好即可。

要点三：如果伤口较大时，压迫止血、包扎后立即通知家长并陪同送医院诊治。

（三）问题小贴士

案例描述

防不胜防

冬天来了，小班的宝宝们在寒冷的季节里坚持户外活动。他们在户外做早操、拍皮球，进行着各种体育游戏。有一天，在出去户外活动的路上，琦琦小朋友下台阶的时候由于穿得较多，行动不便而不慎摔倒，下巴被磕破了一个口子，血顿时流了下来。张老师马上抱着孩子来到保健室，在保健医生的陪同下送孩子去医院就诊，并通知家长一同前往。孩子的下巴缝了三针。

家长看到孩子缝针时因疼痛而大声哭闹，情绪激动地提出了一系列的问题："我的孩子三年来从未受伤，怎么一进你们幼儿园才几个月就受伤缝针，而且还是在头部？你们是怎么照顾孩子的？你们有没有尽心尽力？琦琦是女孩子，万一留疤怎么办？"

看见家长情绪激动，老师首先诚恳地向家长道歉，平复家长的心情，告诉家长琦琦摔跤的确是意外，孩子受伤，老师心里也非常难过。

问题再现 琦琦发生意外之后，教师处理方法是否得当？面对情绪激动的家长应如何做好沟通工作？

应对策略

1. 在这次意外事故中，教师的做法是正确的。幼儿园意外事故的处理流程是：当孩子不慎发生意外→教师立刻把受伤幼儿送到保健室检查→保健室视病情向领导汇报→决定处理方案（留园观察、立即由保健医生和老师一起送医院就诊）→通知家长→探望受伤幼儿→教师写下意外事故发生的经过→做好回访记录→幼儿痊愈返园时上交医生开的痊愈证明。

2. 幼儿受伤，家长都会难受。有些家长会控制自己的情绪，言语上能表现出通情达理，但也不乏有部分家长会表现情绪激动，甚至对幼儿园或教师表露出不满。面对这种情况，教师可以这样做：

（1）及时与家长进行沟通，并向家长表示道歉。

（2）看望幼儿，如果需要照顾或护理的还应安排人员配合。

无论家长态度如何，教师都应换位思考、理解家长，要让家长感受到教师在孩子受伤后的痛惜之情和真诚的态度。与家长交流幼儿的日后护理，帮助孩子早日康复，争取家长最大程度的理解。

（四）保健小达人

孩子如受外伤缝针后，在日常生活护理上要注意以下几点：

1. 饮食要清淡，少吃辛辣刺激食物，不吃海鲜，因海鲜可能会有致敏物质。

2. 减少剧烈运动，因缝针后伤口张力不如受伤前，剧烈运动有可能使缝好的伤口裂开。

3. 注意防晒，术后三个月之内要注意防晒，因紫外线对瘢痕有刺激，会刺激瘢痕的增生。

4. 保持伤口清洁，注意伤口不要沾水。

5. 定期换药，按照医嘱定期拆线。

三、扭伤

扭伤是指四肢关节或躯体部位的软组织（如肌肉、肌腱、韧带等）损伤，而无骨折、脱臼、皮肉破损等。

（一）症状表现

扭伤多发生在手腕、脚踝等部位，扭伤处皮肤青紫肿胀，局部压痛很明显，严重时受伤的关节不能转动。

（二）处理要点及实操方法

要点一：幼儿发生扭伤后，老师要立即将幼儿送到保健室。

要点二：对扭伤部位进行冷敷，如是踝关节扭伤，应将小腿抬高，避免活动。

要点三：严重扭伤出现肿胀或淤血时，不要让幼儿再走动，通知家长并陪同送医院检查。

（三）问题小贴士

案例描述

冷敷热敷

儿童生性好动，而且平衡能力未完全发育成熟，在奔跑或玩耍时很容易扭伤，明明和小伙伴在小区里一座小山坡上玩耍的时候因为没站稳从小山坡上滑了下来，把脚踝扭伤了。明明爸爸急忙把孩子带回家观察并处理，只见受损部位关节肿胀而且有明显触痛感。爸爸想要采取冷敷的方式，可是妈妈就不同意说要热敷，两人产生了争执。

问题再现 到底是冷敷还热敷呢？

应对策略

孩子脚扭伤以后家长也应该用正确的冷敷和热敷相结合的方法为孩子消肿。

1. 在刚刚扭伤的时候破裂的小血管还在流血，这个时候就应该用冷敷的方式为孩子治疗，这样可以达到收缩血管作用，可以让伤势得到缓解；24 小时以后受到损伤的血管已经停止流血，这个时候就可以用热敷的方式为孩子消散瘀肿。

2. 孩子出现脚扭伤情况还应该使用正确的按揉方法为孩子缓解疼痛，在刚刚扭伤的时候，在血肿的地方应做持续按压，等到 24 个小时以后就可以用揉捏的方法，一般都是以肿胀的部位为中心点，然后再向四周进行按揉。

（四）保健小达人

孩子如果运动不当，很容易造成肢体的扭伤，只有预防在前，才能减少意外的发生。

1. 每次开展户外活动之前，教师一定要组织幼儿开展热身活动，将幼儿身体的各个环节活动开，也能大大降低幼儿在活动中的扭伤概率。

2. 教师应提前主动向家长了解幼儿是否有过扭伤史，对于有过扭伤史的幼儿，要注意适当减少其运动量，运动时也要注意对其曾经的受伤部位进行保护。如佩戴护踝或者护腕。

四、鼻出血

鼻出血又称鼻衄，幼儿鼻腔粘膜血管很丰富，有些地方汇集成血管网，血管弯曲扩张，在鼻部受外伤以及打喷嚏时，都可使曲张的血管破裂而出血。鼻出血的常见原因有外伤、不良的挖鼻习惯、鼻腔异物及内科疾病等。

（一）症状表现

鼻出血的表现是血从一侧或两侧鼻孔流出，或是混于鼻分泌物内排出，或经后鼻孔至咽部，经口吐出。量可多可少，颜色可鲜红或暗红，可凝成血块。

（二）处理要点及实操方法

要点一：幼儿发生鼻出血时，紧张或大哭、用力揉鼻子等都会加重出血。教师要安抚幼儿情绪，让幼儿采取直立或直坐位，不要让幼儿低头或仰头，并用手指直接压迫出血一侧的鼻翼或捏紧两侧鼻翼，让幼儿用口呼吸。一般数分钟后即可止血。

要点二：用冷水毛巾或毛巾内包冰块放在前额、鼻部也有利于止血。

要点三：如上述方法处理仍不止血，应立即送保健室。

要点四：止血后 2~3 小时避免剧烈运动，以免再出血。

要点五：如经常发生鼻出血，应嘱家长到医院做进一步检查。

（三）问题小贴士

案例描述

容易出血的鼻子

美术课上，王老师正带着孩子们在画画。“王老师王老师，不好了，晓晓出鼻血了？”“啊，是怎么弄的？”王老师马上走到晓晓身边关切地询问。旁边的小朋友子苏说：“晓晓画画的时候笔掉地上了，他捡完笔之后一抬头，正好我也低头看了一下，然后他的鼻子就撞到我下巴了。”子苏小朋友清晰地讲述了事情的经过。

王老师立马用拇指和食指按住晓晓鼻翼，身体稍微向前倾斜，防止血流到身上，接着把毛巾用凉水浸湿放在额头上，最后抬起晓晓的一只胳膊。毛巾热了后继续浸湿放在额头上，等血不留了，再给晓晓擦干净脸。

问题再现 下午晓晓外婆来接时，王老师告诉了外婆今天发生的事情，晓晓外婆表示他在家里的时候稍微碰撞到鼻子也容易出血，这是怎么回事？生活中应怎样做可以尽量避免鼻出血？

应对策略

1. 幼儿鼻出血通常是由于鼻中隔前端血管丛出血，这丛血管位于鼻前庭后，靠鼻子的前面，出血的特点是量中等，一般能自行止住。幼儿鼻出血的原因主要有几个方面：

（1）幼儿喜欢挖鼻孔造成的损伤。

（2）幼儿的黏膜比较薄，受刺激后血管容易裸露。

（3）幼儿普遍不喜欢吃蔬菜，造成体内维生素 C 和维生素 K 缺乏，局部血管脆性增加，也容易出血。

（4）发热高烧后由于凝血功能障碍，鼻子易出血，一般恢复后鼻出血也自然停止。

（5）全身性疾病，如血友病、出血性紫癜、贫血、维生C（K）缺乏症等均可引起鼻出血，这些病往往以鼻出血和牙龈出血为首发症状，如果怀疑幼儿患病，可委婉醒家长带幼儿到医院进一步检查。

2. 鼻出血是儿童很常见的疾病，我们不仅要学会怎么帮孩子止血，更关键的是学会用什么措施来预防儿童鼻腔出血？

（1）首先，要帮助孩子改掉爱抠鼻孔的坏毛病。多数孩子的鼻出血还是外伤引起的，也就是孩子自己抠出来的。帮助孩子看住他的小手，不要让他老去抠。

（2）其次，鼻出血多数是跟鼻腔干燥有关，我们可以经常给屋子里面加湿，让孩子多喝水，鼻子里喷一些海盐水等一些湿润的东西让鼻腔湿润，也就不太容易出血了。

（3）再次，我们要积极治疗过敏性鼻炎等一些鼻部炎症。因为有鼻炎的时候，鼻子会痒，不通气，孩子的小手就容易不由自主地去揉鼻子抠鼻子，这样容易引起出血。

（4）最后，要给孩子进行均衡饮食，补充维生素微量元素，因为如果维生素、微量元素缺乏，也可能引起鼻腔黏膜比较脆弱，血管的脆性增加，相对容易出血。饮食均衡，多喝水，改善抠鼻子，多数的孩子就可以避免鼻腔出血了。

（四）保健小达人

快速止鼻血的小窍门：

1. 双手中指互勾：鼻子流血时，只要自己两只手的中指互相一勾，即可在数十秒内止血。幼儿不会用双手中指互勾，大人可用自己两中指勾住幼儿的左右中指，同样可止血。

2. 冷敷止血：冷敷能促使血管收缩及减少流血。可以用碎冰或冰毛巾冷敷鼻子、颈部及前额。

3. 举手臂止鼻血：左鼻孔流血，举起右手臂；右鼻孔流血，举起左手臂，数分钟后即可止血。

五、关节脱位

关节脱位（脱臼）俗称脱环，多因牵拉幼儿四肢时用力过猛而引起。一般发生于肩关节、肘关节及桡骨头半脱位。

（一）症状表现

关节脱位主要表现为局部关节外部变形，外观与健侧不对称、肿痛，关节失去正常活动功能，出现功能障碍。

（二）处理要点及实操方法

要点一：幼儿在游戏或生活中有牵拉动作，且突然喊手疼痛，拒绝别人移动他的肘部，不肯用患侧手拿取物品或上举活动时，教师应考虑幼儿是否关节脱位了，应立即送保健室。

要点二：保健医生用绷带将幼儿的患侧手固定在胸前舒服的位置，然后通知家长，并陪同送医院复位。

要点三：做好新生入园既往史的登记，了解幼儿有无脱臼史，做好日常护理。

（三）问题小贴士

案例描述

哭泣的达达

“起床了，宝贝们！”起床时间到了，小班的保育员杨老师轻轻地唤着每一位幼儿起床如厕，穿衣服。达达小朋友对杨老师说毛衣太紧了，他穿不了。杨老师为他穿好毛衣，披上了棉袄。这时，发生了一件令人意想不到的事情：达达突然大哭起来，问他也说不清楚，只是指着右手含糊地回答：“手手痛。”杨老师将达达的右手棉袄的袖子小心翼翼地脱下来检查是否有异物，没有发现异物。杨老师回想孩子刚刚起床并没有进行剧烈运动，也没有碰撞的情况，这是怎么回事？达达被立即送往保健室，有经验的保健医生听了杨老师介绍的情况后马上举高双手引导达达小朋友用右手来抓她的手，可是达达只会啼哭而抬不起手来，医生初步判断为“脱臼”，并用绷带将幼儿的右侧手固定在胸前舒服的位置，及时通知家长，并陪同孩子送医院复位。

问题再现 在医生为孩子复位以后，杨老师疑惑地问医生：“我每天都会给孩子穿衣服，今天也是像平时一样，为何会发生脱臼现象？发生脱臼现象教师应怎么做？”

应对策略

1. 儿童骨骼正处于生长阶段，比较脆弱。要是平时没有注意，那么很容易把孩子手臂拉脱臼。比如有些家长冬天喜欢给孩子穿比较贴身的毛衣，认为这样更暖和，但是在穿脱的时候比较用力，这样有可能会牵扯到孩子的手臂，造成脱臼。还有就是成人在拉着孩子的手走路时，如果没注意走得太快或者是用力过猛，孩子的胳膊也会出现脱臼的情况。

2. 在幼儿园时，教师要注意以下几点：

（1）孩子在玩游戏时常有牵拉动作，教师要教育孩子在游戏过程中不要牵拉过猛导致受伤。

（2）给孩子穿脱衣服时，教师的动作要轻柔，不要生拉硬拽，要讲究顺序和方法。

（3）提拉孩子手不要过于用力，牵扯前行速度也不要太快，不能像提东西那样提起孩子的手臂，平时也不能拉着孩子的手臂把他提起来玩。

（4）孩子的骨骼正处于发育阶段，日常应加强幼儿的户外活动，常晒太阳，促进身体对钙的吸收。

（四）保健小达人

一般来说，孩子有过关节脱臼现象，如果不加注意，还是比较容易再次发生而形成习惯性脱臼，因此我们要掌握一些预防脱臼的小技巧。

1. 教师在给孩子穿脱衣服时，一定要注意顺序，穿衣服时，先穿容易脱臼的这只小手，再穿不会脱臼的那只小手；而脱衣服时则先脱不会脱臼的小手，再脱那只容易脱臼的小手。

2. 家长跟孩子游戏或牵拉孩子时，应尽量避免直接牵拉幼儿的手或手腕部，正确的姿势应该是抓住孩子的肘关节或上臂部位。

六、骨折

骨折多为直接或间接暴力、跌跤、坠落或病理性骨折（如佝偻病）引起的自发性骨折。骨折根据外伤暴力程度，临床可分闭合性骨折和开放性骨折，闭合性骨折为皮肤表面未损伤，与外界不相通；开放性骨折为骨折处皮肤损伤，与外界相通。

（一）症状表现

骨折后会出现局部变形、肢体等出现异常运动，移动肢体时可听到骨擦音。伤口剧痛，局部肿胀、淤血，伤后出现运动障碍。

（二）处理要点

要点一：如果怀疑幼儿受伤有可能是骨折时，教师应迅速报告保健医生，不要随意挪动、抱起孩子。

要点二：协助保健医生将骨折处用木板固定，木板长度应超过近端及远端两关节间距离，检查和包扎时动作要轻柔，立即通知家长并陪同送医院治疗。

要点三：对开放性骨折可在伤口处覆盖消毒敷料，包扎伤口止血后送医院处理。

（三）问题小贴士

案例描述

户外游戏要小心

户外活动开始了，大班的孩子们今天的活动场地是幼儿园里的大型玩具——滑滑梯。孩子们正在玩“狐狸和小鸡”的游戏，凶狠的”狐狸”趁着鸡妈妈不在时追逐着四散的“小鸡们”，“小鸡们”一看到“狐狸”过来了，便飞快地跑到了安全的家里躲起来，孩子们的脸上洋溢着开心的笑容。

突然，一阵哭声传来，琪琪捂着胳膊脸上露出很痛苦的表情，王老师马上走过去问：“你怎么啦，怎么哭了？”“我，我，我的手撞到了，好痛啊！”“撞到哪里了？”“我刚刚看到狐狸来了，然后我跑的时候就撞到了旁边的柱子上。”王老师马上就去看了看，原来是滑滑梯下面固定的那根柱子。王老师发现琪琪的上肢有红肿现象。于是，琪琪马上被送到了保健医生处。

王老师简单迅速地向保健医生介绍了基本情况，医生询问："你是哪只手痛？""右手。"医生观察到琪琪的右上肢有肿胀现象，让琪琪尝试着用右手抓医生抬起的双手，可是琪琪没有办法抓到。于是医生马上通知家长，将孩子送去医院，经医院医生诊断为骨折。

问题再现 判断幼儿是否骨折的依据是什么？发生骨折意外事故，应该如何处理？

应对策略

1. 出现下面任何一个症状，都基本确定骨折：

（1）幼儿大哭不止，怀疑骨折的区域出现淤青、肿胀；

（2）幼儿活动反常，如：活动时不该移动的地方出现了移动、上肢不能抬臂、下肢不能站立等。

（3）肢体出现畸形，且怀疑骨折的地方有断断续续的摩擦音。

2. 当孩子发生骨折等意外事故时：

（1）教师首先要安抚幼儿的情绪，巧妙地分散患儿的注意力，让他思想上偏离"疼痛"。

（2）将幼儿及时送到保健室进行处理，陪同保健医生送孩子去医院治疗。

（3）同时在第一时间通知家长，并主动向家长当面详细讲述事情的经过，并诚恳地向家长表示歉意，将随后的相关处理措施告知家长，征得家长的谅解。

（4）和班上另外一位老师就幼儿事故经过做好交接工作，以便进行跟踪观察处理。

（四）保健小达人

俗语说伤筋动骨一百天，就是说孩子骨折一般要三个月以后才能够完全愈合。第一个月要以静养为主，不能提前运动。一个月后拆除固定了方可让孩子循序渐进地进行一些功能锻炼，但要避免剧烈运动，三个月后才能恢复正常的活动。

七、烧烫伤

幼儿烧烫伤一般是由于接触火、开水、热油等高热物质而发生的一种急性皮肤损伤。幼儿常见的有开水烫伤和热食烫伤。

（一）症状表现

烧烫伤表现为局部皮肤发红、疼痛，周围肿胀分界明显，局部已经有水泡或伤部组织坏死等。

（二）处理要点及实操方法

要点一：脱离烫源，立即用冷水浸冲局部降温，在浸冲的过程中脱掉被热源浸透的衣服，如衣服与皮肤粘连，则剪开衣服，保持伤口清洁，并送保健室。

要点二：轻度烫伤的用烫伤膏涂局部。

要点三：如果烫伤面积大且严重的，用干净纱布覆盖创面，以防污染，立即通知家长送医院就诊。

（三）问题小贴士

案例描述

危险的烫伤

明明是个活泼好动的孩子，这一天奶奶带他从小区游乐场玩得一身汗回来，奶奶就准备给明明洗个澡。奶奶在浴盆里先倒了一瓶开水，然后再去取冷水加入。就在奶奶转身取冷水的时候，顽皮的明明一蹦一跳地进入了浴室，因为浴室地面有水湿滑，明明一下子没站稳跌入了盆中，酿成了悲剧。送到医院的时候，明明被烫伤的部位已经起了水泡，疼痛难忍，不停地哭闹，奶奶也自责不已。

问题再现 烧烫伤是生活中常见的意外伤害，特别是在夏天，皮肤裸露面积大，烧烫伤更容易发生。火焰、热蒸汽、沸水热油、电热器等都可能造成烧烫伤。家长需要了解的是：在家中如何预防幼儿烧烫伤？

应对策略

1. 给孩子用浴盆洗澡时，要先倒冷水再加热水调整水温。中间添热水时，最好将孩子抱离浴盆，由他人帮助添加热水。使用热水器时，要先将开关拧至冷水侧，然后缓慢把水温调高，并用自己的手试水温。

2. 儿童好动，桌上不要放台布，以免儿童在拉扯台布时，弄翻桌上热稀饭、热饭菜、热牛奶或开水而引起烫伤。热水瓶、汤锅等要放置在孩子摸不到的高处或柜子里，以免孩子碰倒而引起烫伤，也不要让不懂事的孩子自己拿开水或过热的饮料喝。不要将热水放在地上，家用饮水机的热水开关应相对固定，或将饮水机放在儿童不易碰到的地方，以免其无意打开热水开关而引起烫伤。平时不要让孩子进厨房玩耍，烧开水时，壶口记得朝向墙壁。

3. 在房内尽量不要使用蚊香驱蚊，以免蚊香引起被絮、衣物、纸屑等可燃物造成火灾和烫伤。冬天使用取暖设备请加防护架。

4. 管理好易燃物品和高温物品，如汽油、鞭炮、火柴、打火机、火炉、电熨斗等，把它们放置在孩子摸不到的地方；不要单独燃放烟花爆竹。

（四）保健小达人

孩子烫伤时很多家长都会赶紧给孩子涂牙膏或酱油，其实这样是不对的，涂牙膏或酱油只会增加伤口感染的机会，也会增加医生观察创面的难度。发生烫伤事件应采用以下正确的方法进行处理：

一冲：把烫伤部位放到水龙头下，用清洁的、流动的冷水冲洗 30 分钟左右。

二脱：一边冲着冷水，一边去除伤口上的衣物，如果用手无法去除，可用剪刀剪开衣物。

三泡：继续用冷水浸泡烫伤的部位 10~30 分钟，如果烫伤的面积较大，需注意其他部位的保温。

四盖：以上几步处理后，用无菌纱布、或干净的毛巾覆盖伤口，并固定，可保持伤口清洁，降低感染的概率。

五送：如果是深度烫伤或烫伤面积较大，应尽快送医院治疗。

八、异物

异物伤是指异物进入鼻、耳、喉、气管等器官，可能由于各种原因而发生异物入内的情况。常见异物有植物坚果类、纽扣、小球、硬币等，这些都有可能进入消化道或呼吸道而造成伤害。

▲鼻腔异物▲

幼儿鼻腔异物多因其好奇，常把豆子、小珠子、纽扣、橡皮、纸团等较小的物品塞入鼻腔内，或因小昆虫突然飞进鼻腔所致。

（一）症状表现

鼻腔异物多有单侧鼻腔流黏脓涕，涕中带血，不仅会影响呼吸，还会引起入睡时经常莫名其妙打呼等。

（二）处理要点及实操方法

要点一：教师应安抚幼儿，告诫幼儿不要去抠鼻子，同时迅速将幼儿送到保健室。

要点二：对年龄稍大的、会合作的幼儿，可用手指按住没有异物的鼻孔，嘱其用力擤鼻，或用棉花刺激鼻腔，使异物随喷嚏喷出，如无效则立即送医院。

要点三：对年龄小、不合作的幼儿应立即送医院处理。

（三）问题小贴士

案例描述

黄豆“发芽”

宏宇是一个顽皮好动的小男孩，有一天妈妈泡好了黄豆准备打豆浆，突然宏宇趁妈妈不注意抓了一颗黄豆塞进鼻子，然后告诉妈妈自己的鼻子要发芽了。这下妈妈可着急了，急忙拿起了自己拔眉毛的小镊子，按住宏宇就要把黄豆掏出来，哪知道越掏越往里进，还掏出了血，宏宇也哭闹不止，这下妈妈紧张了，急忙把宏宇送到医院就诊。最终因为黄豆竟然到鼻腔太里面，不得不对宏宇进行手术治疗。

问题再现 孩子鼻腔有异物，家长着急，想自行处理。但如果家长处理不得当的话，会让本来不怎么危险的事情变得异常的危险。家长处理鼻腔异物不当带来的危害有哪些？那应该如何正确处理呢？

应对策略

1. 其实在日常生活中，孩子鼻腔进入异物是非常常见的事情，对于家长来说，一旦发现孩子鼻腔有异物，一定不要强行取出，这样会让孩子害怕，并且因此而烦躁不安。而且家长一旦处理不当便会将异物推至鼻腔深处，导致取出困难，个别小球形物甚至会滑入气管。如果是这样的话，那么医生在处理的时候，难度就会提高，孩子就可能需要用纤维支气管镜取异物了，甚至还要全麻手术，风险就增加很多。

2. 根据异物不同，处置方法不同。异物刚进入鼻腔，大多停留在鼻腔口，听话能配合的儿童可本人先压住侧鼻孔，用嘴用力吸气，然后用力擤鼻涕。或者家长口对口对孩子使劲吹气，有些小的异物能够从鼻腔出来，但 3 岁以下儿童不宜采用，不然有可能将异物吸入。试上几次，不行的话，建议到医院处置。

（1）鼻腔圆形异物擤不出或已经进入鼻腔处，切不可用镊子去夹，以免越来越深，应立即送医院处置，因圆形异物容易掉入咽部，随患者哭闹，会吸入气管中。

（2）锋利异物刺入，或异物过大，应送医院处置。

（3）纽扣电池异物建议紧急到医院处置，不要耽搁时间，因为纽扣电池为高能强碱性电池，含有汞、镉、铅等重金属有毒物质，有很强的腐蚀性，在短期内能够构成鼻腔粘膜、鼻甲、鼻中隔软骨毁坏，引起鼻中隔穿孔。假如纽扣电池滑入咽部，卡于食道，往往引起食道穿孔等严重并发症。

（四）保健小达人

有些孩子塞了异物到鼻腔后自己取不出来，又怕受责备不告诉家长，过后又忘记了。家长如何才能及时发现孩子鼻腔有异物呢？

1. 发现一侧鼻腔持续不通。

2. 发现鼻腔有臭味。

3. 发现一侧鼻腔流脓涕，另一侧通畅，发现单侧面部肿胀等。

▲耳部异物▲

耳异物常见为幼儿玩耍时，将异物置入耳内，或因幼儿互相嬉闹，将异物放在对方耳内。异物多为豆类、纽扣、珠子、塑料小玩具等，还有动物性异物，如蚊子突然飞进或爬进耳内。

（一）症状表现

耳部异物常引起耳鸣、耳痛、异物感，动物性异物常由于动物爬动刺激鼓膜引起疼痛；植物性异物遇水膨胀后，可继发感染引起外耳道炎。体积大的异物影响听力和引起反射性咳嗽等。

（二）处理要点及实操方法

要点一：非动物性异物：体积较小可嘱儿童头歪向异物侧，单脚跳，使其自行脱落。

要点二：动物性异物：可用手电筒放在耳边诱昆虫自行爬出。如效果不好，应去医院取出。

要点三：若取出困难或体积大的异物，则通知家长立即送医院取出。

（三）问题小贴士

案例描述

玩具车引发的事故

轩轩是一名刚刚上小班的小朋友，他很喜欢上幼儿园，因为在开学的时候，每个小朋友都带了自己喜欢的玩具和大家一起分享。轩轩最喜欢的玩具是一个可以发光的小汽车，这辆车不仅会发光，还会唱歌呢。一次区域活动的时候，轩轩又在建构区玩小汽车，不小心把车上发光的小灯摔坏掉下来了，轩轩边玩边顺手把小灯放进耳朵里。区域活动结束的时候，轩轩一直喊耳朵疼，妮妮老师问轩轩有没有把东西放进耳朵里，轩轩这才告诉妮妮老师。妮妮老师仔细询问了一下轩轩放进耳朵里的东西是什么，然后带着那辆小汽车和轩轩一起来到了保健室由医生来处理。

问题再现 在幼儿园，预防儿童耳道异物发生的办法有哪些？

应对策略

1. 教师可以通过视频观看、图片讲解、儿歌游戏等幼儿容易接受的方式对孩子进行预防异物入耳宣传教育，让孩子了解异物入耳道带来的危害性，提高幼儿自身的安全意识。

2. 教育孩子当有异物进入耳、鼻、口中要及时告诉教师，看到同伴不小心把小物品放进耳、鼻、口中也要马上告诉老师。

3. 幼儿活动范围内不要存放小物品或者危险物品，如：棋子、硬币、瓜子、花生、豆子、小纽扣、图钉、药品等。

4. 定期检查班上的教具、学具、玩具和区域操作材料，如有破损及时清理。

5. 请家长配合，不要给孩子穿带有扣子、珠珠、亮片、绳子等带有危险性物品的衣服鞋子来幼儿园。

（四）保健小达人

当发现孩子耳朵出现异物时，家长一定要谨慎行事，根据具体情况区别对待：

1. 如果孩子的耳朵进了不尖锐的东西，在外耳道的位置时，家长可以在孩子的配合下用镊子、耳勺等将异物取出。如果是尖锐的东西不可自行处理，需要到医院就诊。

2. 如果孩子的耳朵不小心进入了虫子之类，切记不可用手去拉拽，虫子受到刺激的话会使劲往里钻，会抓伤孩子的耳道。家长可以在耳朵内滴一些植物油，填满耳道，可以淹死虫子，然后把耳朵朝下，虫子和油会流出来。虫子有向光性，还可以用手电灯照射耳朵将虫子引诱处理。

3. 家长要关注孩子有无往耳朵塞东西的行为倾向，时常检查孩子的耳内是否有异物，及早发现并处理。

4. 家长最好不要自己给孩子掏取异物，因为人的耳朵构造是 S 形的，如果掏取方式不当，容易划伤外耳道引起皮肤感染或耳道炎。

5. 如果自行处理时耳朵被掏伤，需要立即就医。

▲气管异物▲

气管异物是指异物误入气道导致的急症。幼儿在吃花生、瓜子等零食或口含其他小物品时，如仍在跳、跑、打闹则容易将异物吸入气管。

（一）症状表现

异物进入气管后，幼儿常有剧烈的呛咳、憋气、面色青紫、呼吸困难、窒息等症状出现。

（二）处理要点及实操方法

要点一：一旦发生此情况，教师应立即进行急救并通知保健医生。

要点二：让幼儿呈立位，教师从背后抱住幼儿，使其上半身向前倾斜一定角度，然后老师一手握拳，拳头大拇指侧顶在幼儿的上腹部（肚脐稍上方），另一手握住握拳的手向上、后用力挤压上腹。挤压动作要快速，压后随即放松，反复操作5次。无效时，应立即送往医院进行救治。

（三）问题小贴士

案例描述

“呛人”的花生

春节期间，浩浩和妈妈一起去小姨家做客，小姨准备了很多干果蜜饯之类的零食来招待大家。大人们坐在一边闲话，浩浩就自己边吃零食边看喜欢的动画片。小姨看见浩浩喜欢吃花生，便给他剥好壳，放在茶几上，让他自己拿着吃。浩浩正吃得开心，突然开始剧烈地咳嗽起来，大概持续了三五分钟，然后就边哭边指着自己的喉咙说：“有东西在里面。”大家一听急忙送浩浩去医院，通过检查发现异物进入了气管，需要马上手术，将异物取出。

事后浩浩告诉妈妈，他当时嘴巴里有花生，正好动画片里播放的歌曲他很喜欢，正准备跟着一起唱，结果一下子就被呛着了。

问题再现 气管有异物对孩子的身体危害很大，我们平时应该注意看护好孩子，了解一些预防措施。那么危险的气管异物该如何预防？

应对策略

1. 对于幼小的孩子，不要给他们吃花生、豆类、瓜子、开心果、果冻等食物，吃西瓜时最好将瓜子去掉。

2. 当孩子口中含有食物的时候，不要引逗他们哭笑、说话或惊吓，以防将食物吸入气管。家长也应该在旁边看护。

3. 当孩子哭闹的时候不要强制孩子进食。

4. 教育孩子不要把小玩具放在嘴里。

5. 孩子呕吐时，应该把他的头偏向一侧，使他容易吐出，免得吸入气管。

6. 如咽部有异物，绝不可用手指挖取，也不可用吞咽大块食物的方法将异物压下去，应设法诱其吐出。

（四）保健小达人

当孩子发生异物呛入气管时，家长千万别惊慌，首先应清除鼻腔和口腔内的呕吐物或食物残渣，但不要试图用手把气管内的异物挖出来，可用下列方法进行急救：

1. 推压腹部法：将患儿仰卧于桌子上，抢救者用一只手放在其腹部脐与剑突之间，紧贴腹部向上适当加压，另一只手柔和地放在胸壁上，向上和向胸腔内适当加压，以增加腹腔和胸腔内压力，反复多次，可使异物咳出。

2. 拍打背法：立位，抢救者站在儿童侧后方，一手臂置于儿童胸部，围扶儿童，另一手掌根在肩胛间区脊柱上给予连续、急促而有力的拍击，以利异物排出。

3. 倒立拍背法：适用于婴幼儿，倒提其两腿，使头向下垂，同时轻拍其背部，通过异物的自身重力和呛咳时胸腔内气体的冲力，迫使异物向外咳出。

4. 海姆立克急救法：海姆立克急救法是一种利用人体肺部残留气体形成气流冲出气管部位异物的急救办法。救护者站在患儿身后，从背后抱住其腹部，双臂围环其腰腹部，一手握拳，拳心向内按压于患儿的肚脐和肋骨之间的部位；另一手成掌捂按在拳头之上，双手急速用力向里向上挤压，反复实施，直至阻塞物吐出。

CANKAOWENXIAN

参考文献

1. 教育部人事司、教育部工人考核委员会编 . 保育员应知应会 [M]. 北京师范大学出版社 , 1998.6.

2. 赵中建编 . 教育的使命——面向二十一世纪的教育宣言和行动纲领 [M]. 教育科学出版社 , 1996.6.

3. 袁玉玲 . 幼儿园保育工作浅谈 [J]. 教育实践与研究 , 2016(1).

4. 万金刚 . 浅谈新时代如何做好学校保育员工作 [J]. 魅力中国 , 2019(10).

5. 李文兰 . 论幼儿园保育工作的重要性 [J]. 课堂内外 (教师版), 2015(11).

6. 中华人民共和国卫生部、教育部 . 托儿所幼儿园卫生保健管理办法 [Z].2010-09-06.

7. 南昌市教育局 . 南昌市幼儿园保育工作规范细则（试行）[Z].2010-04-09.

8. 北京师范大学实验幼儿园主编 . 保育员工作指南 [M]. 北京师范大学出版社 , 2012.

9. 伍香平、彭丽华主编 . 幼儿园保育员工作指南 [M]. 中国轻工业出版社 , 2014.

10. 人力资源和社会保障部教材办公室编 . 保育员岗位实用手册技能全图解 [M]. 中国劳动社会保障出版社 , 2016.

11. 蔡黎曼著 . 新编幼儿卫生学 [M]. 广东高等教育出版社 , 2007.

12. 梁雅珠、陈欣欣主编 . 幼儿园保育工作手册 [M]. 人民教育出版社 , 2016.

13. 张徽主编 . 幼儿卫生与保健 [M]. 华东师范大学出版社 , 2014.

14. 王彩英主编 . 幼儿园保教工作规范与保育员技能等级岗位培训考核评定新标准实用手册 [M]. 教育出版社 , 2009.

15. 黄欣欣主编 . 托幼机构卫生保健实用指南 [M]. 江苏教育出版社 , 2010.

HOUJI

后 记

江西省人民政府直属机关保育院创建于1956年，隶属于江西省机关事务管理局，是一所办院历史悠久、师资雄厚的江西省级优秀示范幼儿园。建院半个多世纪以来，在江西省机关事务管理局的关心和支持下，在保育院几代教职员工的共同努力下，保教质量一直处于全省领先水平。保育院先后被评为全国巾帼文明岗、全国食品安全普法先进单位、江西省“健康、快乐、发展”主题教育活动先进幼儿园、江西省巾帼文明岗、江西省女职工建功立业活动先进单位、江西省三八红旗集体、江西省五一劳动奖、江西省首批节能示范单位、省教育厅“千校手拉手”活动先进单位、南昌市首批教育科研示范校、南昌市名园等荣誉称号；历年来被评为江西省直属机关文明单位、综合治理先进单位、公共机构节能先进单位，东湖区卫生保健工作优秀示范幼儿园五星级等。保育院还拥有一支富有朝气和进取精神的优秀师资队伍，其中正高级教师1名，宋庆龄幼儿教育奖获得

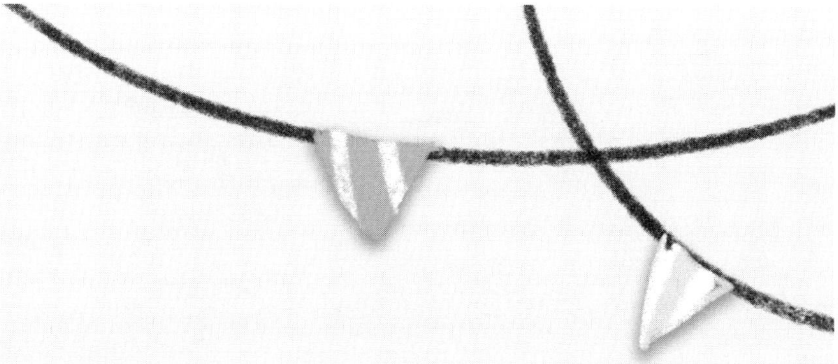

者3人，省级模范老师1人、省级学科带头人3人、省级骨干教师3人，市级优秀园长2人、市级学科带头人6人、市级骨干教师2人、市级优秀班主任2人、市级优秀教师2人、市级十佳道德标兵1人，区级新苗、新秀教师4人。

这样一所优秀的幼儿园，每年都吸引了省内外大批幼教同行来园参观。大家发现，被许多幼儿园容易忽视的保育工作，在江西省政府直属机关保育院中却受到了相当重视，各项保育工作规范细致，幼儿得到了精心照看。因此，为更好地发挥省级优秀示范幼儿园的辐射引领作用，我们集中了保育院骨干力量，编写了这本《幼儿园保育保健工作实践与指导》，希望能为同行们在保育保健工作实践中提供参考与借鉴。

敬请专家和同行提出宝贵意见。